eines Erbaren
adt Hamburg Juris
er Lande Hadelln
chröter abgemeßen
rtig
Daß Landt
zu
Hadelen
Scala Miliarium

DLRG

CUXHAVEN

und Umgebung

Ein illustriertes Reisehandbuch

Jan Schröter

Fotos:
Katharina Marut-Schröter
Bernd Schlüsselburg

Zum 30.8.94
v. Lisa

Edition Temmen

Die Deutsche Bibliothek - CIP-Einheitsaufnahme
Cuxhaven und Umgebung : ein illustriertes Reisehandbuch / Jan Schröter. Fotos: Katharina Marut-Schröter ; Bernd Schlüsselburg. - Bremen : Ed. Temmen, 1993.
ISBN 3-926958-61-8
NE: Schröter, Jan; Marut-Schröter, Katharina

Für freundliche Unterstützung danken wir:
Jan Brütt, Duhnen; Jochen Kugler, Kurverwaltung Cuxhaven

Karte Vorsatz: Das Amt Ritzebüttel im Jahre 1594,
Vermessungamt Hamburg
Karte Cuxhaven: Cuxhavener Nachrichten.
Wir danken für die Abdruckgenehmigung

Umschlagabbildung: Luftaufnahme von Cuxhaven und der Elbemündung
Abbildung Seite 4: Am Strand von Duhnen

Bildnachweis
Kurverwaltung Bederkesa: S. 110, 111
Jan Brütt, Duhnen: S. 47
Kurverwaltung Cuxhaven: S. 36-7
Stadtarchiv Cuxhaven: S. 9, 15, 18, 99
Hero Lang, Bremerhaven: S. 83, 86-7, 107
Daniela Müller, Worpswede: S. 69, 72
Deutsches Schiffahrtsmuseum, Bremerhaven: S. 106
Reederei Seetouristik Flensburg: S. 103
Bernd Schlüsselburg, Cuxhaven: Umschlag, S. 4, 13, 22-3, 25, 28-9, 30, 36-7, 50-1, 56-7, 62-3, 74-5, 80-1, 90-1, 93, 95, 97, 124-5
Verlagsarchiv: S. 101, 104
Restliche Abbildungen von Katharina Marut-Schröter

Hohenlohestr. 21 — 28209 Bremen
Tel. 0421-344280, 341727 — Fax 0421-348094

Herstellung: Edition Temmen

ISBN 3-926958-61-8

Inhalt

Cuxhaven – Niedersachsens Nordseenase

Auf einem exponierten Landzipfel zwischen Elb- und Wesermündung liegt Cuxhaven. »Letzte Ecke vor Amerika« nannten die Auswanderer auf den HAPAG-Dampfern den Platz vor dem Döser Deich, den das Stadtwahrzeichen, die Kugelbake, markiert.
Das viele Wasser ringsum ist schon Attraktion an sich. Weit über drei Millionen Übernachtungen von Ferien- und Kurgästen zählt man jährlich in Cuxhaven – mehr werden anderswo nicht einmal in ganzen Bundesländern registriert. Doch auch Besucherzahlen in dieser Größenordnung verkraftet die Stadt gut. Zehn Kilometer ausgewiesener Badestrand bieten reichlich Platz, die Ferienzentren sind über alle Kurteile verteilt, Hochhäuser bilden die Ausnahme, der Betrieb ist souverän organisiert. Man blickt schließlich nicht umsonst auf eine annähernd 180 Jahre währende Tradition als Seebad zurück.
Als Stadt ist Cuxhaven lange nicht so alt. Viele Stadtteile sind eigentlich kleine Dörfer, die erst nach und nach eingemeindet wurden. Nicht zuletzt darin liegt ein ganz eigener Reiz: Man bewegt sich innerhalb der Stadtgrenzen und doch in völlig unterschiedlicher Umgebung zwischen Deich, Marsch und Heide, urbaner Architektur und uralten Bauerndörfern. Der Begriff »Stadt« wird der Vielfalt dieser Region bei weitem nicht gerecht, so daß die vom hiesigen Tourismus-Management geprägte Bezeichnung »Cuxland« tatsächlich keine hohle Formulierung ist, denn genau das ist Cuxhaven – ein ganzer Landstrich, der zu Entdeckungen einlädt.

Eine Wattwanderung im Jahre 1906

Geschichten aus der Geschichte

Die Macht des Geldes – der Untergang derer von Lappe

Meer, Watt und Strand – Cuxhaven präsentiert sich seinen Gästen als Stadt an der Wasserkante. Marsch, Geest, Moor und Heide prägen das Bild des Hinterlandes. Noch vor Jahrmillionen lag diese Region im Binnenland, weit von der See entfernt. Subtropisches Klima ließ Riesenfarne gedeihen, und wo sich heute Wattwürmer tummeln, hatten einst Saurier festen Boden unter den Füßen – Knochenfunde auf Helgoland bezeugen diese Szenerie. Erst die allmähliche Senkung der Festlandscholle sorgte für die Annäherung der Küste. Das Klima kühlte ab, Eichenmischwald ersetzte die tropischen Gewächse.

Besiedelt war das Gebiet nur spärlich. Doch wo man auf kleinen Arealen Ackerbau betrieb, reduzierte sich der Wald durch Rodung. Auf den abgeholzten Flächen breitete sich Heide aus.

Das uneingedeichte, regelmäßig überflutete Land bot nicht überall Gelegenheit zur Feldwirtschaft. Die Siedler, friesische Chauken und deren Nachfahren, errichteten ihre Behausungen daher auf natürlichen oder aufgeschütteten Anhöhen, den »Wurten« – die Endsilbe »-worth« in vielen Ortsnamen der Region erinnert daran.

Die Erträge aus Fischfang und Landwirtschaft ermöglichten keinen üppigen Lebensstil. Eine römische Flotte unter Tiberius gelangte 5 n. Chr. über die Elbe vermutlich bis Stade, und Plinius der Ältere (23-79 n. Chr.) berichtete von den kümmerlichen Lebensverhältnissen der Küstenbewohner. Er bezeichnete die beobachteten Zustände als »elend« – zweifellos verursachte seinerzeit die Ansicht der Gegend bei einem Bürger der Weltstadt Rom einen erheblichen Kulturschock.

Eine entscheidende Änderung der Verhältnisse begann sich im Mittelalter abzuzeichnen. Mit Hilfe des Deichbaus ließ sich das Land effektiver nutzen. Der Preis war die weitläufige Verwüstung des Waldes, denn für den Bau von Häusern, Schiffen und Deichen benötigte man große Mengen Holz. Die Durchführung solcher Projekte förderte andererseits die Organisation des Gemeinschaftslebens und die Zusammenarbeit unterschiedlicher Gruppen.

Der Handel erblühte. Zwischen Hadeln und Hamburg fand der Warenverkehr auf dem Wasserweg statt. Auf der Elbe und ihren Nebenflüssen transportierte man Getreide, Raps und Fettwaren. Im 13. Jahrhundert etablierte sich auf der Hallig »O« (friesisch: Auge; alte Bezeichnung für das heutige Neuwerk) ein regelrechter Fischmarkt: Zur Heringsschwarm-Saison trafen sich hier Fischer und Händler aus den umliegenden Landschaften und Städten.

Die lukrativen Geschäfte zogen allerdings auch Leute an, die zwar viel von Handelsgütern,

Fischkutter im Hafen

CUXHAVEN
NORDLICHT
NEUHAUS/O

weniger jedoch von Bezahlung hielten. Das Revier um die Elbmündung herum erfreute sich bei Piraten wachsender Beliebtheit. Speziell die Insel Neuwerk bot so etwas wie einen rechtsfreien Raum, denn im Wattengebiet außerhalb des Festlandes kannte man keine Grenzlinie zwischen den Bereichen der Landesherren. Es blieb im Streitfall unklar, ob die Zuständigkeit beim Herzog von Sachsen-Lauenburg, beim Erzbischof von Bremen oder den Städten Hamburg, Bremen oder Stade lag.

Vor allem die Hamburger Kaufleute sannen auf Abhilfe. Die Elbmündung galt nicht nur wegen der Piraten als gefährliches Gewässer. Strandete ein Schiff, ging oft die ganze Ladung durch Strandraub verloren. Auch mit überlebenden Besatzungsmitgliedern verfuhr man nicht gerade zimperlich. Es bedurfte eigens vertraglicher Regelung, daß »Schiffbrüchige nicht mehr als Leibeigene behandelt werden, sondern frei sein« sollten. Die Hamburger, im Falle drohender finanzieller Einbußen schon immer sehr aktionsfreudig, regten daher den Bau eines »Werkes« aus Holz und Stein auf Neuwerk an. Gegen ein auf Hamburger Kosten errichtetes Seezeichen, das die Elbmündung für alle sicherte, hatten die benachbarten Landesherren nichts einzuwenden. Nach zehnjähriger Bauzeit war der 45 m hohe Turm – heute das älteste erhaltene Bauwerk an der deutschen Küste überhaupt – vollendet. Hamburg erlangte nun auch offiziell den Alleinbesitz der Insel Neuwerk.

Die Dörfer auf dem Festland vor Neuwerk beherrschte das Geschlecht der Ritter von Lappe, zunächst scheinbar unbeirrt von der Anwesenheit neuer Macht unmittelbar vor ihrer Haustür. Als Stammsitz diente ihnen das Ritzebütteler Schloß, dessen wuchtiger Wehrturm ein ebenbürtiges Gegenstück zum hamburgischen »Neuen Werk« bot. Der Lappe'sche Grundbesitz war beträchtlich, Bargeld allerdings knapp – die typische Situation des auf Naturalwirtschaft angewiesenen Landadels. Die Sippe befand sich in ständigen Geldnöten, erschwert durch Familienfehden und den kostspieligen Unterhalt des Schlosses. Hansestädtischer Kapitalkraft hatte sie nichts entgegenzusetzen. Getreu der unter Handelsleuten beliebten Devise: »Warum Gewalt anwenden, wenn man den Gegner kaufen kann«, gewährten die Hamburger den Rittern über Jahrzehnte hinweg mehrmals umfangreiche Darlehen – gegen Sicherheitsleistungen, versteht sich.

Verpfändete und nicht wieder eingelöste Ländereien fielen an die Hansestadt, das Lappe'sche Imperium zerbröckelte. 1392 starteten die Ritter einen letzten verzweifelten Versuch, die Finanzkrise auf bewährte Art zu beenden. Wie schon in früheren Jahren begannen sie, Handelsschiffe auf der Elbe zu berauben. Wenig später ließen sie sogar Neuwerk stürmen. Damit war die Geduld des Hamburger Rates erschöpft. Mit Hilfe von 800 Verbündeten aus dem Land Wursten belagerten die Hamburger Schloß Ritzebüttel und nahmen es gegen Ende 1393 ein. Die Ratsherren sorgten für klare Verhältnisse. So mußten Alverich und Wolderich von Lappe nicht bloß schwören, in »rechter und ehrlicher Fehde« unterlegen zu sein, sondern darüber hinaus Schloß Ritzebüttel nebst zugehörigen Dörfern an Hamburg verkaufen. 2000 Mark, als Rente ausbezahlt und mit der Bedingung verknüpft, fortan friedlich zu bleiben, waren der Preis. 200 Mark zog man von der Summe gleich ab – die Lappes hatten das Geld bereits zu einem früheren Zeitpunkt erhalten, und hanseatische Kaufleute vergessen so etwas nicht.

Schloß Ritzebüttel

Aus dem neuen Grundbesitz bildete Hamburg das »Amt Ritzebüttel«, verwaltet von einem Amtmann, der gleichzeitig Ratsmitglied war. Neuwerk und Ritzebüttel waren in Hamburger Hand, binnen eines Jahrhunderts hatte sich die Stadt damit das Tor zur Weltschiffahrt gesichert.

Ein Haus namens Cuxhaven

1594, ganze 200 Jahre nach Beginn der Ritzebütteler Amtsgründung, erfolgte die erste urkundliche Erwähnung des Namens »Cuxhaven«. Auf seiner kartografischen Darstellung des »Ambt Ritzebüttell« markierte Johan Schröter den Ort »Kuxhaven« – mit einem einzigen Haus. Spätere Dokumente liefern etliche Schreibvarianten: »Kuckeshauen«, »Kuckeshagen« oder »Kuxhauen«. Ob die erste Namenssilbe analog solcher Begriffe wie »Koog« (durch Eindeichung neugewonnenes Land) oder »Kogge« (Segelschiff der Hansezeit) zu interprtieren ist, beschäftigt noch heute Sprachwissenschaftler und Heimatforscher. Wenigstens ungefähr bestimmt ist die Lage am Unterlauf des Ritzebütteler Schleusenpriels. Dort hatte sich vor dem Außendeich Neuland gebildet, das »Neue Feld«, dessen Eindeichung man 1618 unter der Leitung des Amtmanns Schaffshausen vornahm.

Leider konnten sich die Cuxhavener nicht ungestört dieser drängenden Aufgabe widmen. Im selben Jahr brach der 30jährige Krieg aus. Der Markgraf Christian Wilhelm von Brandenburg zog mit seinem Heer marodierend durch die protestantischen Länder elbabwärts, von Hamburg an auf der südlichen Elbseite bis Ritzebüttel. Die dortige Besatzung überlistete er 1626 mittels eines ebenso billigen wie wirkungsvollen Tricks. Ein Chronist berichtet: »Hier zeigte er sich mit seinen Reitern vor dem Schlosse, und ersuchte den Herrn Amtmann Hans Schaffshausen, heraus zu kommen, weil er wichtiges mit ihm zu besprechen habe. Der Herr Amtmann, vertrauend auf die Ehrenhaftigkeit des Markgrafen, ging in Begleitung des Hauptmanns Simson und einiger Fußknechte über die Zugbrücke. Da brach ein Hinterhalt der Markgräflichen hervor, bemächtigte sich des Herrn Amtmannes und zog, denselben voranführend, damit vom Schloßwalle nicht geschossen werden konnte, am 28. Juli in's Schloß.« Dort ließ der Markgraf die scharfgeladenen Kanonen abfeuern, etliche Häuser im Umfeld des Schlosses kamen durch die Kugeln zu Schaden.

Die Kanonade bildete den Auftakt zu den nun folgenden Plünderungen. Selbst Neuwerk blieb nicht verschont. Amtmann Schaffshausen, endlich freigelassen, eilte umgehend nach Hamburg, wo man ihn zwar wegen seiner Naivität rüffelte, aber dennoch sofort 42 Schiffe mit 2000 Soldaten in Marsch setzte. Bevor jedoch eine Schlacht entbrannte, räumte der Markgraf das Feld – er war schließlich auf seine Kosten gekommen.

Die nächsten Besatzer ließen nicht lange auf sich warten. Die Kaiserlichen unter Tilly und Pappenheim hielten 1628 Einzug in Ritzebüttel. Neuwerk blieb diesmal ungeschoren, geschützt durch die Natur: Dichtem Nebel über dem Watt ließ sich selbst mit raffiniertesten militärischen Strategien nicht beikommen.

Die Kriegswirren des 17. Jahrhunderts rissen nicht ab. Besetzungen und Plünderungen durch erzbischöfliche Reiterei, schwedische Truppen und braunschweigische Söldner bedeuteten eine große Last für die Bevölkerung. Vielleicht war es den Cuxhavenern auch deshalb unmöglich, das erst 1618 eingedeichte »Neue Feld« zu halten.

Gedenkblatt anläßlich der 500-Jahr-Feier des Amtes Ritzebüttel im Jahre 1894

Die Dramatik des steten Kampfes der Küstenbewohner gegen Gezeiten und Elbstrom verdeutlicht die Tatsache, daß man noch zu Beginn des 17. Jahrhunderts vom heutigen Standort der Alten Liebe aus bis zum Elbufer eine Strecke von mehr als zwei Kilometern über grünes Weideland zurücklegen konnte. Stück für Stück verlagerte sich die Küstenlinie, wurden Deiche zurückgenommen. Dabei ging nicht nur Land, sondern auch manche Existenz unter, denn wo heute die Weltschiffahrt die Fahrrinne vor der Alten Liebe pflügt, standen einmal stattliche Bauernhöfe – vor weniger als 300 Jahren.
Der größte Teil des Neulands ging mit der »Großen Weihnachtsflut« vom 24./25. Dezember 1717 verloren. In Cuxhaven, Döse, Duhnen, Groden und auf Neuwerk ertranken 296 Menschen, zahlreiche Gebäude stürzten ein, tausende Tiere kamen um. Vom »Neuen Feld« blieb nur das erhöhte Gelände, auf dem sich heute der Bahnhof und die Fischmarktanlagen befinden.
Erst im 18. Jahrhundert gewann Cuxhaven größere Bedeutung als Hafenplatz. Seezeichen und Anlagen wie die Alte Liebe (1733) oder der Deich bis zur Kugelbake wurden errichtet. Unweit der Alten Liebe stand eine hölzerne Bake, mit 39 Metern Höhe ein echter Küsten-Superlativ. Einen Leuchtturm hatte man noch nicht – wohl aber einen Signalmast mit Laterne, bedient und inspiziert vom jeweils amtierenden Schullehrer, der als Entgelt für diese Tätigkeit die Lichtreste beanspruchen durfte.
Immerhin: Cuxhaven boomte. 1795 bestand der Ort aus 41 Häusern, zwei Jahre zuvor hatte kein geringerer als der Göttinger Philosoph Georg Christoph Lichtenberg Cuxhaven als geeigneten Platz für ein deutsches Seebad empfohlen.

Aufruhr und Arien – der Weg zum Seebad

Doch alle diesbezüglichen Pläne blieben vorerst Schall und Rauch, denn 1803 begann auch im Amt Ritzebüttel die »Franzosenzeit«. Mit Ausnahme des Zeitraums vom 1. September 1805 bis zum 13. November 1806 blieb die Region bis 1812 unter französischer Besatzung. Aus dem Amt wurde die Mairie Ritzebüttel, gehörig zum 1. Kanton Ritzebüttel des Arrondissement Stade im Departement Elbmündung.
Napoleons Visionen sahen für Cuxhaven keinen Kurbetrieb vor – er wollte einen Kriegshafen. Bei der Kugelbake und Grimmershörn legten die Franzosen Küstenbatterien an, gaben sie jedoch wieder auf, da die Reichweite der Geschütze nicht genügte, um die Elbe zu sichern. Ersatzweise bauten sie das »Fort du Phare« an der Alten Liebe und das »Fort Napoleon« beim Osterhörner Stack. Sogar eine Kanalverbindung Ems-Weser-Elbe-Ostsee wurde projektiert, blieb jedoch unausgeführt.
Bei all diesen Vorhaben mußte die Bevölkerung Hilfe leisten. Die Verdienstmöglichkeiten reduzierten nicht zuletzt die Kontinentalsperre und die Blockaden der Elbe durch englische Kriegsschiffe. Durch den Schmuggel englischer Waren von Helgoland aus bot sich eine größere Einnahmequelle, deren Nutzung allerdings mit Risiko verbunden war.
Nach dem vorübergehenden Abzug der Franzosen am 16. März 1813 und ihrer Rückeroberung des Amtes (8. Mai 1813) befahl Marschall Davout die Räumung Neuwerks wegen Konspiration der Bewohner mit den Engländern. Eine militärische Besetzung kam für ihn nicht in Frage, da die Insel »gar keine Wichtigkeit darbietet, und der dortige Aufenthalt

Die Kugelbake auf einer Postkarte der Jahrhundertwende

pestartig für die Truppen ist, es also der Mühe nicht lohnt, dieselbe militairisch in Besitz zu nehmen.« Innerhalb von vier Tagen hatten die 33 Neuwerker ihre Insel zu verlassen, mit ihnen zogen 26 Pferde, 46 Milchkühe, 86 Stück Hornvieh, 285 Schafe, 165 Lämmer, 76 Gänse und 236 Gänseküken. Alle Gebäude Neuwerks wurden abgebrochen. Nur die engagierte Intervention des Maître de Sars verhinderte die Sprengung des alten Turms, der somit als einziges Bauwerk auf der Insel intakt blieb.

Erst am 30. November 1813 ergaben sich die Franzosen den aufmarschierten englischen und russischen Truppen. Das Hamburger Recht erlebte die Wiedereinführung. Hamburgs Bürgermeister Amandus Augustus Abendroth, der schon zwischen 1809 und 1811 Amtmann in Ritzebüttel war, nahm diesen Rang erneut ein. Was blieb, war eine Schuldenlast von etwa 350.000 Mark – bei 4044 Einwohnern des Amtes eine Pro-Kopf-Verschuldung von 90 Mark. Doch der Wiederaufbau stützte sich von Beginn an auf die zwei Säulen, die Cuxhavens Wirtschaft noch heute tragen: die fischverarbeitende Industrie und den Fremdenverkehr.

Fischer gab es im Ort natürlich schon seit ewigen Zeiten. Was sie jedoch von ihren Fängen nicht selbst verbrauchten oder an Direktabnehmer im Heimathafen verkaufen konnten, lieferten sie in Fremdhäfen ab, wo spezielle Betriebe die Konservierung übernahmen. Nach Gründung zweier Salzereien in Cuxhaven war dieser Umweg nicht länger nötig. Jetzt arbeiteten die Cuxhavener auch an Land »im Fisch«.

Die Zeit war reif, die alten Träume vom Seebad ebenfalls zu verwirklichen. Lichtenberg hatte es ja bereits formuliert: »Jene Gegend hat Vorzüge, deren sich vielleicht wenige Seeplätze in Europa rühmen können, namentlich die Lage zwischen zwei großen Strömen, der Elbe und der Weser, die Phänomene der Ebbe und der Fluth, die dort auffallender erscheinen, als an wenigen Orten, das ununterbrochene Aus- und Einsegeln majestätischer Schiffe aller Nationen.«

Cuxhaven von der Landseite um 1850

Wie schon im Falle der ersten Fischsalzereien ergriff auch hier Amtmann Abendroth die Initiative. Mit dem Verkauf von 100-Mark-Aktien an Hamburger Freunde und Einlagen aus seinem Privatvermögen brachte er das für die Seebade-Aktiengesellschaft benötigte Stammkapital von 10.000 Mark zusammen. Am 24. Juni 1816 wurde das Seebad eröffnet, einen knappen Monat später begrüßte Abendroth persönlich den ersten Gast im neuen Badehaus an der Alten Liebe, das sich etwa an der Stelle des heutigen »Seepavillon« befand.

Und die Cuxhavener staunten nicht schlecht, als sich noch im selben Sommer ein qualmendes Ungetüm ihrer Küste mit rasanter Geschwindigkeit näherte: Die englische »Lady of the Lake« war das erste Dampfschiff auf der Elbe. Sie sollte regelmäßig zwischen Hamburg und dem neuen Seebad pendeln. Immerhin schaffte der Dampfer die Strecke stromab in sieben, stromauf in neun Stunden – bei widrigen Winden benötigte ein Segler manchmal mehr als zwei Tage. Ein Jahr später allerdings dampfte die »Lady« retour nach England. Ihr Einsatz hatte sich als unrentabel erwiesen.

Aber ein Anfang war gemacht, und schon im zweiten Betriebsjahr registrierte das Seebad 295 Gäste, die sich 2743 Bäder gönnten. Geboten wurden Wannen-, Dampf-, Tropf-, Sturz-, Spritz- und Duschbäder. Daß so eine Kur nicht allzu entsagungsreich verlaufen mußte, läßt sich Amtmann Abendroths Beschreibung des Seebades entnehmen: »Der Bademeister ist darauf eingerichtet, die Gäste mit einem Frühstück aus Kaffee, Thee, Chocolade und Boullion, oder verschiedenen Weinen, Liqueurs, Beef-Steaks, leichtem Backwerk, und dergleichen, bewirthen zu können; sowie er auch für den Nachmittag und Abend sich gern erbietet, die Tafel mit allem, was verlangt wird, zu besetzen.« Derartige Völlerei ist heutzutage meist nicht mehr im Sinne der Badeärzte – leider.

Cuxhaven um die Jahrhundertwende

Nachdem Abendroth 1821 zurück nach Hamburg wechselte, übernahm eine Privatgesellschaft den Badebetrieb. Doch ohne das Engagement des prominenten Hamburgers, dessen gute Verbindungen zur hansestädtischen High Society stets für die Anwesenheit kurender Gäste aus gehobenen Kreisen gesorgt hatten, ließen die Geschäfte nach.

Katastrophale Ereignisse verhinderten die Konsolidierung: Zunächst brannte das unversicherte Badehaus ab, dann ereilte im Februar 1825 wieder einmal eine schwere Sturmflut die Küste. Die Flut verseuchte das Trinkwasser. Als Folge breitete sich ein epidemisches Marschenfieber aus. Die Hälfte der Bevölkerung erkrankte daran innerhalb der nächsten beiden Jahre, Hunderte starben – der gute Ruf des Heilbades schien restlos dahin, die einstigen Gäste reisten lieber nach Norderney, Borkum oder Helgoland.

Doch mit der Zähigkeit, die sie sich im steten Kampf mit dem Meer erworben hatten, bauten die Cuxhavener ihre Position wieder aus. Hoffmann von Fallersleben besuchte den Ort, Franz Liszt kam, Heinrich Heine weilte zu Gast und im August 1846 kurte ein zeitgenössischer »Megastar«: Jenny Lind, genannt die »schwedische Nachtigall«. Die populäre Sängerin beließ es nicht beim Bade, sondern gab ein gefeiertes Benefizkonzert in der Martinskirche zugunsten der Armen Ritzebüttels.

Das Amt brodelte. Um dem drohenden Verkehrschaos durch anreisende Fans Herr zu werden, erteilte die Obrigkeit umgehend Richtlinien »zur Aufrechterhaltung der öffentlichen Ruhe und Ordnung« und organisierte eine Dampfschiff-Sonderfahrt von Hamburg nach Cuxhaven. Der »Neptunus«, des Amtes erste Zeitung, jubilierte nach dem Ereignis: »Durch die seltene Gunst des Geschickes genossen wir auch das Glück, das erhabene Talent der gefeierten Sängerin Jenny Lind in unseren Mauern zu bewundern

– eine Auszeichnung, welche bisher nur Städten ersten Ranges zu Theil geworden ist, und um so rühmender von uns erkannt wird, als sich an dieses Ereignis zugleich der Dank vieler Armen und Waisen knüpft, zu deren Erquickung und Freude die Künstlerin ihre göttliche Gabe hier gespendet.« Michael Jackson oder Madonna könnten heute schwerlich für größeren Wirbel in Cuxhaven sorgen – sie würden ihre Gage allerdings kaum der Fürsorge überlassen.

Kanonendonner

In den 60er Jahren des 19. Jahrhunderts galt Cuxhaven wieder als gefragtes Seebad. Doch nicht nur Badegäste kamen. Einmal mehr zog der Krieg ein im Amt Ritzebüttel. Leben und Besitz der Bewohner blieben diesmal aber unbehelligt, denn das Ereignis fand auf See statt.

Die kriegerische Auseinandersetzung zwischen Preußen/Österreich und Dänemark um den Besitz Schleswig-Holsteins hatte am 18. April 1864 mit der dänischen Niederlage auf den Düppeler Schanzen einen vorläufigen Höhepunkt gefunden. Die dänische Seeblockade der Elbe- und Wesermündung bestand jedoch weiterhin. Sie zu brechen galt als erklärtes Ziel der kleinen Flotte, die sich in Cuxhaven sammelte. Die beiden österreichischen Fregatten »Schwarzenberg« und »Radetzky« sowie die drei preußischen Kanonenboote »Adler«, »Blitz« und »Basilisk« bildeten den Verband, der unter dem Befehl des österreichischen Linienschiffskapitäns Tegetthoff stand.

Einen »blinden Alarm« hatte es bereits gegeben, doch am 9. Mai traf das Geschwader vor Helgoland auf die dänischen Fregatten »Jylland« und »Niels Juel«. Die zahlenmäßige Unterlegenheit der Dänen glichen sie durch größere Feuerkraft aus; sie verfügten über 102 Geschütze, Preußen und Österreicher nur über 87 Kanonen.

Mehr als zwei Stunden währte der Kugelwechsel. Vor allem Tegetthoffs »Schwarzenberg« steckte im dicksten Getümmel. Zeitweise bestand die Gefahr, von den Dänen geentert zu werden. Der Kapitän soll bereits mit geladener Pistole in der Pulverkammer gestanden haben, um im Falle des Übergriffs das Schiff mit Mann und Maus in die Luft zu jagen. Doch schließlich ließen die Kontrahenten voneinander ab, man hatte beiderseits genug.

Beide Gegner verbuchten das Treffen als Sieg, wie in solchen Situationen üblich, beide hatten schwer dafür bezahlt – allein die »Schwarzenberg« verlor innerhalb einer Stunde ein Viertel ihrer Besatzung. 38 Tote wurden zwei Tage später feierlich auf dem Ritzebütteler Friedhof beigesetzt, drei weitere Gefallene blieben auf See. Tags darauf kam es zum Waffenstillstand, Kapitän Tegetthoff erhielt seine Beförderung zum Konteradmiral.

Grund zum Feiern für die Cuxhavener, und mit den beliebten Österreichern feierten sie gern. Schließlich bot die längere Anwesenheit der Flotte nicht bloß Amusement, sondern konkreten wirtschaftlichen Nutzen. An Verproviantierung, Schiffsreparaturen und ähnlichem verdienten die Cuxhavener nicht schlecht.

Die Österreicher verließen Cuxhaven wieder. Trotzdem wurde die Marine bald neben Seebadbetrieb und Fischerei zum dritten Standbein einheimischer Wirtschaft. Als 1870 während des deutsch/französischen Krieges erneut eine Elbblockade drohte, baute man Cuxhaven zur Seefestung aus. »Fort Kugelbake«, dessen Anlage die Spaziergänger auf dem Kugelbake-Deich noch heute vor Augen haben, machte den Anfang, weitere Befestigungen folgten. Ein Jahr vor Ausbruch des Ersten Weltkrieges waren von 17.640 Einwohnern Cuxhavens 4820 Soldaten – mehr als ein Viertel der Bevölkerung.

Stadt Cuxhaven

Cuxhaven hatte sich zu einem wichtigen Hafenplatz entwickelt und das einst berühmtere Ritzebüttel an Bedeutung überflügelt. Als man beide Gemeinden 1872 zusammenlegte, erhielt das neue Gebilde daher nicht den traditionsreicheren, sondern den mittlerweile bekannteren Namen: Cuxhaven. Und dieser Name blieb, als am 15. März 1907 aus der ehemaligen Landgemeinde, zwischenzeitlich um den Ortsteil Döse erweitert, eine Stadt wurde.
Die Entwicklung des Fremdenverkehrs und des Seefischmarktes halfen den Cuxhavenern über die wirtschaftlich schwierige Zeit nach dem Ersten Weltkrieg hinweg. Weitere Eingemeindungen sorgten für das Anwachsen der Stadt, auch Duhnen und Neuwerk gehörten seit 1935 dazu. Die über 500jährige Zugehörigkeit zu Hamburg beendete 1937 ein Verwaltungsakt – Cuxhaven ging an das Land Preußen und nach dem Zweiten Weltkrieg an dessen Rechtsnachfolger Niedersachsen über.
Trotzdem blieben Hamburg und Cuxhaven direkte Nachbarn, denn große Teile des Hafengebiets waren weiterhin in Besitz der Hanseaten. Das Fremdgebiet innerhalb der eigenen Stadtgrenzen erwies sich jedoch bald als Wachstumshemmnis. Man schloß also 1965 einen Tauschhandel: 200 Hektar Land für die Erweiterung des Cuxhavener Fischereihafens gegen Neuwerk und Scharhörn. Das »Nige Wark« kam wieder in Hamburger Hände. Daß diese Territorial-Verhandlungen immer noch nicht abgeschlossen sind, zeigt die erst 1992 erfolgte Rückgabe des Amerika-Hafens von Hamburg an Cuxhaven.
Heute ist Cuxhaven, seit 1977 Kreisstadt, das größte deutsche Nordseeküstenbad. Durch Eingemeindung umliegender Ortschaften – zuletzt Altenbruch, Altenwalde und Lüdingworth – gewann man neue Kurteile, welche die Attraktivität des Bades noch steigerten. Auf der nunmehr auf 177 Quadratkilometer gewachsenen Fläche leben heute 58.000 Einwohner.
Auch wenn die **Stadt** Cuxhaven nicht sehr alt ist: Die Region hat eine weit zurückreichende Geschichte, und das ist zu spüren. Es ist eben keine Retortenstadt für den Tourismus, sondern ein Ort, der seine eigenen Schätze und Vorzüge besitzt, die er gern mit dem Gast teilt, der auf Entdeckungsreise geht.

Luftaufnahme von Cuxhaven

Cuxhaven-City: Von der Elbe bis zum Schloß

Der Begriff »City« ist in diesem Fall etwas irreführend, denn **einen** Mittelpunkt hat die Stadt nicht – eher etwas wie eine zentrale Achse, die sich von der Alten Liebe über den Ritzebütteler Schleusenpriel, den Kaemmererplatz und die Nordersteinstraße bis zum Schloß erstreckt. Wobei das bekanntere Ende zweifellos die Alte Liebe ist, von der auch meist diejenigen Gäste bereits gehört haben, die erstmals die Stadt besuchen.

Alte Liebe

Das Bollwerk am Strom ist gleichsam ein Markierungspunkt des längst versunkenen »Ur-Cuxhavens«, das sich einst in seinem Vorfeld ausbreitete. Erst an dieser Stelle gelang es am Anfang des 18. Jahrhunderts, dem ständigen Landraub durch die See Einhalt zu gebieten. Das geschah, indem man drei alte Schiffsrümpfe mit Steinen füllte, bis sie versanken. Pfahlwerk verstärkte diesen künstlichen Damm, in dessen wellenbrechendem Schutz die Schiffe nun sicherer ankern konnten. Das »Haupt« hieß die Anlage zunächst, der romantische Name »Alte Liebe« kam erst später auf – sein Ursprung ist nicht sicher verbürgt. Man nimmt jedoch an, daß eines der versenkten Schiffe »Olivia« hieß, woraus über den plattdeutschen Umweg »Ol Liev« letztlich die »Alte Liebe« wurde.

Immer wieder einmal baute man das Bollwerk um. Die Alte Liebe wurde erhöht, bekam einen Seitenflügel und diente schließlich nicht nur als Wellenbrecher, sondern als Anleger – nach dem Zweiten Weltkrieg vornehmlich für die Helgoland-Schiffe. 1980/81 erfolgte der komplette Abriß und Neubau als Aussichtsplattform.

Der alte »Semaphor«

Es gibt nur wenige Plätze, die zu jeder Jahreszeit und zu jeder Stunde großartig sind. Die Alte Liebe ist so eine Rarität. Auf der in den Elbstrom hineingebauten Plattform wähnt man sich selbst an Bord eines der Schiffe, die in Steinwurfnähe vorüberziehen. Die Durchsagen des Schiffsmeldedienstes informieren den sehnsüchtig Hinterdreinblickenden über Herkunft, Zielhafen und Größe des passierenden Schiffes.

Auf der ganzen Welt haben nur wenige Wasserstraßen eine derart hohe Frequenz an Schiffsverkehr. Wen die Komposition von Wasser, Seegeruch, Wind und Schiffen aller Art fasziniert – und wer kann sich die-

»Alte Liebe« - Ankunft eines Fischtrawlers

ser Faszination schon entziehen – hat hier seinen Lieblingsplatz gefunden. Und zwar bei jedem Wetter: Die Alte Liebe ist nach außen offen, aber zweistöckig. Bei Regen wechselt man eben »unter Deck«.

Dieser exponierte Ort zwischen Fluß und Meer ist schon lange als geeigneter Platz für die Kommunikation zwischen Schiff und Land erkannt worden. Der Radarturm unweit der Alten Liebe verkörpert die zeitgemäße Form dieser Zwiesprache, ältere Zeugen sind der Leuchtturm und der Semaphor.

Angesichts der ungewöhnlichen Konstruktion – irgendwo zwischen avantgardistischer Kunst und Bahnsignal – herrscht bei den meisten Binnenländern Ratlosigkeit über den Zweck des skurrilen Gebildes. Ein Signal ist es in der Tat, und zwar ein multifunktionelles: Vor der Einführung von Funk und Radar informierte es Schiffsbesatzungen über die Windverhältnisse vor der Küste. Die Arme am Mittelmast symbolisierten ausgeklappt jeweils zwei Windstärken, die Pfeile auf den Rosetten wiesen die Windrichtung. Die Hälfte mit dem »B« trug die Angaben für die Region Borkum, Hälfte »H« die Helgoländer Verhältnisse.

Noch betagter als der 1889 errichtete Semaphor ist der benachbarte Leuchtturm. Der 1803 fertiggestellte, trutzige Bau ist einer der ältesten zylindrischen Backsteinleuchttürme Deutschlands. An seiner Stelle hatte zuvor die wegen ihrer Höhe von 39 Metern

berühmte Holzbake gestanden, die 1801 ein kräftiger Novembersturm einstürzen ließ – ein Schicksal, dem der Turm nun schon seit fast 200 Jahren erfolgreich trotzt. Wappen und Inschrift über dem Eingang verkünden, daß der Turm unter Hamburger Regie gebaut wurde.
Wer sich an den großen Schiffen noch nicht sattgesehen hat, kann an der Alten Liebe, zumindest in den Sommermonaten, die Welt der christlichen Seefahrt en miniature bewundern. Neben dem Radarturm befindet sich ein stark frequentiertes Modellbootbecken. Sogar Wettbewerbe trägt man hier aus.
Nach dem Besuch der Alten Liebe bietet der nahegelegene »Seepavillon« Erfrischungs- oder Aufwärmmöglichkeit, ohne daß man sich schon vom Blick auf die Schiffe verabschieden müßte. Auch der »Seepavillon« ist ein Ort mit Tradition: Hier stand Cuxhavens erstes Badehaus.

Feuerschiff »Elbe 1«

Bewegt man sich von der Alten Liebe am Hafen entlang stadteinwärts, gelangt man zum ältesten Teil des Hafens, dem Ritzebütteler Schleusenpriel. Man vermutet, daß einst die Schiffe über den Priel bis zum Schloß fahren konnten. Heute beginnt der »Alte Hafen« hinter der Klappbrücke, die in Funktion dem Besucher ein nicht alltägliches Schauspiel bietet: Die Straße schwenkt in die Vertikale und läßt dem durchfahrenden Schiff ein Schlupfloch von gut 17 Metern Breite.
Während an der Ostseite des Alten Hafens noch Lagerhallen und Häuser der Hafenbetriebe stehen, ist das Westufer mit einer Reihe nobler Appartementhäuser bebaut, zu deren Standardausstattung neben der Garage der private Bootsanleger gehört.
Vor dieser prächtigen Kulisse liegt das Feuerschiff »Elbe 1« vor Anker, ein knallroter Blickfang und nicht nur von außen sehenswert. Der eigentliche Schiffsname lautet »Bürgermeister O'Swald«, doch die Bezeichnung der Feuerschiffe nach ihrer Arbeitsposition hat Tradition, und die »Bürgermeister O'swald« lag eben auf Position Elbe 1.
Länger als 150 Jahre gab es bemannte Feuerschiffe in der Elbmündung. Sie sicherten die Durchfahrt in diesem durch wechselnde Strömungsverhältnisse und sich ständig verlagernde Sandbänke problematischen Gebiet, gaben Meldungen weiter und dienten als Wetterstationen. Zusätzlich trat die Besatzung bei Bedarf als Rettungsmannschaft in Aktion. Dabei war sie es manchmal selbst, die in Seenot geriet. Die Feuerschiffe wurden äußerst selten zurück in den Hafen beordert. In der Regel wetterten sie schwerste Stürme an ihrer Stammposition auf See ab, um eben gerade in dieser Gefahrensituation anderen Schiffen Orientierung zu bieten. Mehr als einmal sind Feuerschiffe im Sturm gekentert, haben sich vom Anker losgerissen oder sind gerammt worden. Und mehr als ein Besatzungsmitglied ist dabei ums Leben gekommen.
Am 22. April 1988 wurde die »Elbe 1« als letztes der bemannten Feuerschiffe außer Dienst gestellt und durch ein ferngesteuertes Computer-Seezeichen ersetzt. Die Stadt Cuxhaven erwarb das Schiff für den Förderverein »Schiffsgeschichte Cuxhaven«, der es als Museumsschiff der Öffentlichkeit zugänglich machte. Mannschaftsunterkünfte, Kombüse, Kommandobrücke – alles kann besichtigt werden. Der Verein trägt auch Sorge dafür, daß »Elbe 1« nicht nur Museum ist, sondern nach wie vor fahrtauglich. Die Maschinen sind »in Schuß«,

Das Museumsschiff »Elbe 1«

die nautischen Instrumente komplett, von der Brücke stellen Amateurfunker weltweite Funkverbindungen her. »Elbe 1« ist klar zum Auslaufen. Ahoi.

»Elbe 1«, Zollkaje (Klappbrücke), Tel. 04721/34121,
geöffnet 1. April - 15. November, Di.-Fr. 13.00-17.00 Uhr,
Sa. 12.00-17.00 Uhr, So. 10.00-17.00 Uhr.

Vom Kaemmererplatz zum »Reyeschen Haus«

Das Schleusenbecken am Ende des Ritzebütteler Schleusenpriels erfüllt heute kaum den Zweck eines Hafens, eher schon den eines Stadtparksees mit maritimen Charakter. Es bildet eine ruhige Oase zwischen der verkehrsreichen Konrad-Adenauer-Allee und dem Kaemmererplatz. Für das Auge wird einiges geboten. Der alte Frachtsegler »Hermine« liegt am Ufer, Enten tummeln sich unter der Fontäne in der Beckenmitte und im Hintergrund ragt der annähernd hundertjährige Cuxhavener Wasserturm in die Höhe.
In Südrichtung zweigt vom Kaemmererplatz die Nordersteinstraße ab, kürzeste und kurzweiligste Verbindung zwischen Schleusenpriel und Schloß: Die Nordersteinstraße ist Fußgängerzone, zahlreiche Geschäfte, Restaurants und Cafés lassen keinen Wunsch offen und animieren zum »shop and go«.

Der Wasserturm am Kaemmererplatz

FULFS

Altstadtfassaden am Kaemmererplatz

Die Fußgängerzone endet direkt vis-á-vis des Schlosses an der Südersteinstraße. Wem nach dem Einkaufsbummel (oder auch sonst) der Sinn nach Kultur steht, kann gleich links um die Ecke das Heimatmuseum besuchen. Außer Sonderausstellungen beherbergt es auch eine Abteilung »Vor- und Frühgeschichte«, deren Exponate die Besiedlungsentwicklung der Nordseeküste dokumentieren. Das Haus, in dem das Museum residiert, gilt schon für sich als hochkarätige Sehenswürdigkeit. Das »Reyesche Haus«, ein um 1780 erbautes Kaufmannshaus, weist typische Merkmale des norddeutschen Klassizismus auf.

Karl-Waller-Museum (»Reyesches Haus«), Südersteinstr. 38,
Tel. 04721/62822, geöffnet Mo.-Fr. 9.30 - 13.00 u. 15.00 -18.00 Uhr, Sa. 9.30 - 13.00 Uhr.

Die Martinskirche und Schloß Ritzebüttel

Trotz der langen Geschichte des »Fleckens« Ritzebüttel: Eine eigene Kirche erhielt der Ort erst 1819. Initiator des Baus war einmal mehr der umtriebige Amtmann Abendroth. Architekt Axel Bundsen konzipierte die Martinskirche nach dem Vorbild der Kirche in Wandsbek bei Hamburg. Er schuf einen einfachen Backsteinbau.

»Neuer italienischer Geschmack« nannte man diese Stilrichtung des beginnenden Klassizismus. Amtmann Abendroth schwärmte dafür. Angesichts der leeren Kassen kurz nach dem Ende der »Franzosenzeit« blieb ihm auch keine andere Wahl – für Schnörkel fehlte einfach das Geld. Da war es schon tragisch, daß der sparsam konstruierte Bau schon in seinem ersten Jahrzehnt kostspielige Reparaturen nötig hatte. Die auf Rammpfählen errichteten Mauern sackten ab.

Den Turm erhielt die Martinskirche erst 1885. Auch andere Baumaßnahmen haben ihr ursprüngliches Bild verändert. Geblieben ist die schlichte Transparenz des Innenraums, die auch heute noch den Amtmann Abendroth zufriedenstellen würde, dessen Bildnis hier hängt.

Schloß Ritzebüttel, die »Urzelle« des Ortes, mußte während seines langen Bestehens ebenfalls etliche Umbauten über sich ergehen lassen. Fast jeder amtierende »Schloßherr« hatte bezüglich der Inneneinrichtung individuelle Wünsche. Und der Wechsel der zeitgegebenen Erfordernisse formte das Äußere der Anlage – Wehrturm oder Repräsentationsschloß, beides war im Verlauf der Geschichte gefragt.

Geht man von der Martinskirche parallel zur Südersteinstraße auf das Schloß zu, passiert man einen langgestreckten, zweigeschossigen Fachwerkbau. Hier, an der ehemaligen Schloßwache, befand sich eine Zugbrücke, die über den äußeren Burggraben führte. Zeugen der einstigen Befestigungsanlagen sind ebenfalls die beiden Kanonen beiderseits des Eingangs zur Südersteinstraße. Sie standen vormals auf dem Wall. Seit dem Abzug der Franzosen (1813) hatte man jegliche militärische Verschanzung des Schlosses aufgegeben. Die Wälle wurden geebnet, die Gräben teilweise verschüttet und die Zugbrücken abgebrochen. Der Schloßgarten, durch Grundstückszukäufe noch erweitert, ist heute ein öffentlicher Park mit sehenswertem alten Baumbestand. Seine Ursprünge gehen zurück auf den naturliebenden und kunstsinnigen Amtmann Brockes (Amtszeit 1735-41), der auch für die Entstehung des Brockeswald sorgte (siehe auch »Stickenbüttel«).

Blickt man von der Südersteinstraße aus auf das Schloß, ist der barocke Vorbau des Turms augenfällig. Einen Vorbau erhielt der Wehrturm erstmals 1619, die Hamburger Amtsleute benötigten mehr Wohnraum. Die heutige Ausführung stammt von 1752. Das Gebäude links des Schlosses ist die frühere Zehnt- und Viehscheune, mittlerweile ein Wohnhaus. Und zur Rechten, gleich neben dem Eingang zum Vorplatz, befindet sich das »Amtshaus« – heute Sitz des Katasteramts. Das Schloß selbst ist im Besitz der Stadt Cuxhaven und beherbergt die Abtei-

Die Martinskirche

lung »Bürgerkultur« des Stadtmuseums. Leider verhindert die gründliche Sanierung der Innenräume derzeit eine Besichtigung. Die Renovierungsarbeiten währen bereits mehrere Jahre und dauern mit Sicherheit über 1993/94 hinaus an. Immerhin ist der »Schloßkeller« bereits geöffnet – für den Hungrigen ist ein gepflegtes Essen in originellem Ambiente allemal attraktiv genug.

Nach Übersee mit Gleisanschluß – Steubenhöft und Amerika-Hafen

Neben der Achse Alte Liebe – Schloß Ritzebüttel bildet das Gebiet von Amerika- und Fischereihafen ein weiteres Zentrum der Stadt.
1896 hatte man den »Neuen Hafen« östlich der Alten Liebe fertiggestellt. Ein kleiner Fischereihafen wurde hier eingerichtet. Den westlichen Hafenkopf, auch »neue Liebe« genannt, sah man als Landungshöft für Passagierdampfer vor. Hamburg hatte ebenfalls großes Interesse an diesem Ausbau: Der Elbe fehlte noch die erforderliche Wassertiefe, um die neuen Transatlantik-Schnelldampfer der Hamburg-Amerika-Linie jederzeit bis zum Hamburger Hafen laufen zu lassen.
Der Transfer von Amerika-Auswanderern avancierte für die HAPAG zunehmend zum großen Geschäft. 1900 transportierten ihre Schiffe 65.000 Auswanderer über den Atlantik, die meisten Passagiere fuhren ab Cuxhaven. Die Konsequenz dieser Entwicklung war der Bau immer größerer Schiffe. Der 1891 gebaute HAPAG-Dampfer »Bismarck« hatte noch eine Länge von 154 Metern, die nur 17 Jahre später projektierten Schiffe der »Imperator«-Klasse lagen bei 270 Metern.
Das neue Landungshöft erwies sich daher als ungenügend, kaum daß es in Betrieb war. Auch eine Verlängerung schuf nur für einen begrenzten Zeitraum Abhilfe. Es folgte die Schließung der alten Hafeneinfahrt, die Erweiterung des Amerika-Hafens von neun auf 42 Hektar Fläche und der Bau des 400 Meter langen Steubenhöfts.
Die glanzvollsten Traumschiffe aus der Ära der Transatlantik-Dampfer machten hier fest, ihre Passagiere reisten per Bahn bis an den Anleger und wurden in den langen HAPAG-Hallen abgefertigt. »Mein Feld ist die Welt« hieß der Wahlspruch über dem Hallenportal, und tatsächlich hat dieser spielerische Übergang von einem Verkehrsmittel auf das andere – vor allem mit der Aussicht, mal eben den halben Globus zu umrunden – etwas Berauschendes.
Die Jahre der beiden Weltkriege unterbrachen den Verkehr am Steubenhöft. Doch erst die Ausweitung des Flugverkehrs sorgte in den 70er Jahren für das vorläufige Aus der Nordatlantik-Passagierlinien. Nur gelegentlich noch laufen zwischen April und August Kreuzfahrtschiffe das Steubenhöft an. Die meiste Zeit liegt der Kai verlassen, von den HAPAG-Hallen blättert die Farbe. 1992 gab Hamburg den Amerika-Hafen an das Land Niedersachsen ab. Ein zukunftsträchtiges Konzept für das Areal fehlt noch. Trotzdem bietet das Höft einen reizvollen Spaziergang am Strom, dort, wo hunderttausende Auswanderer zum letzten Mal heimatlichen Boden betraten.

Einschiffung nach Amerika

»Frischfisch fangfrisch« – der Seefischmarkt

Geht man vom Wasserturm links am Bahnhof vorbei auf die Neufelder Straße zu, hat man ihn bald in der Nase – den Fischgeruch, der zu diesem Teil Cuxhavens gehört wie der Eiffelturm zu Paris.

Der Seefischmarkt, 1908 gegründet, galt fast das ganze Jahrhundert über als tragende Stütze Cuxhavener Wirtschaftskraft, abgesehen von weltkriegsbedingten Einbrüchen. Leider ließ die internationale Krise der Fischereiindustrie auch diesen Standort nicht ungeschoren. Die Geschäfte gingen in den letzten Jahren stark zurück, die einheimische Fangflotte verringerte sich kontinuierlich. Man hofft auf bessere Zeiten.

Trotzdem ist zwischen Kais, Fabriken und Lagerhallen noch immer genug Betrieb, um dem Besucher – speziell dem Binnenländer – ein sehenswertes Spektakel zu bieten. Das bunte Angebot kleiner Läden, die zwischen den Schuppen und Hallen untergebracht sind, steigert zusätzlich den Reiz. Fischgeschäfte bieten die Schätze des Meeres frisch oder gefroren feil und dem Käufer einen Verpackungsservice, der es ihm ermöglicht, seinen »Fang« ohne Qualitätsverlust auch auf einer längeren Heimreise zu transportieren.

Eine besondere Attraktion erfordert frühes Aufstehen: Sind Fänge angelandet worden, beginnt um 7.00 Uhr die Fischauktion in Halle XI. Auf dem Hallenboden stehen die Kisten mit dem Fisch, nach Art und Größe gruppiert und argwöhnisch inspiziert von der Einkäuferschar. Der Auktionator thront auf einem hochrädrigen Karren. Den musealen Charakter dieses ehrwürdigen Gefährts trübt auch nicht die darauf installierte Flüstertüte, die den für Laien kaum verständlichen Singsang des Auktionators quäkend verstärkt.

Ausbessern der Fangnetze

Ist der Verkauf einer Kistenabteilung abgewickelt, erscheint ein Helfer und waltet stoisch seines »bewegenden« Amtes: Er packt den Karren an der Deichsel und zieht ihn zur nächsten Abteilung. Dieses traditionelle Element steht im schönsten Kontrast zu den Accessoires der Käufer, die – Börsenmaklern gleich – mit Funktelefonen am Ohr dem historischen Wägelchen gegenüberstehen.
Wer über den bloßen Anblick hinaus mehr über die funktionellen Zusammenhänge des Seefischmarkts erfahren möchte, sollte sich einer der im Sommer regelmäßig stattfindenden Führungen anschließen. Achtung: Nicht an jedem Tag finden Fischauktionen statt, sie sind fang- und wetterabhängig. Fällt die Auktion aus, wird die Führung um eine Dia-Show ergänzt.

Fischauktion: Halle XI, Niedersachsenstraße,
Beginn: 7.00 Uhr (ganzjährig), Vorabinformation über Tel. 04721/21881 oder Hinweise in den »Cuxhavener Nachrichten«.

Führung durch den Seefischmarkt:
Treff: 6.45 Uhr, Durchführung vom 15. Mai - 30. September am Di./Mi./Do., im Juli und August zusätzlich Mo.

Fischkutter im Hafen

Folgende Luftaufnahme:
Strand von Cuxhaven-Döse und Duhnen , im Vordergrund Veranstaltungszentrum und Kurpark

SK

Cuxhavener Attraktionen

Sehenswertes gibt es nicht allein in Cuxhavens Zentrum. Viele der alten Dörfer, die heute nach ihrem Zusammenschluß ein gemeinsames Stadtgebiet bilden, bieten dem Besucher interessante und kuriose Ziele.

Altenbruch

Erst 1972 wurde Altenbruch zum Cuxhavener Ortsteil. Einst zählte es als westlichste Ortschaft zum Land Hadeln und hatte den Ruf des vornehmsten Dorfes weit und breit. Noch heute besticht Altenbruch durch die Vielzahl gediegen ausgeführter Villen. Es wirkt weder wie ein Bauerndorf noch wie eine Stadt, aber es hat die Vorzüge beider Varianten: Eine malerisch-ländliche Lage zwischen Elbe und Altenbrucher Kanal und einen urbanen Kern um die Kirche herum. Altenbruchs idyllischste Seite liegt am Deich. Der kleine Hafen ist idealer Ausgangs- und Endpunkt ausgedehnter Deichwanderungen, nicht zuletzt wegen des originellen Gasthauses »Zur Schleuse«: Es ist auf Stelzen gebaut, der Gast sitzt gemütlich auf Deichkantenhöhe und genießt Kaffee, Kuchen und Panorama.
Otterndorf war Hauptstadt des Hadelner Landes, aber in Altenbruch verwahrte man Archiv und Siegel, hielt Markt ab und versammelte sich hier bis um 1600 zur Ständeberatung. Der Ort steckt voller Eigenheiten, die augenfälligste ist die Kirche.

St.-Nicolai-Kirche

Zwei Turmspitzen ragen weithin erkennbar über das flache Land. Vor der Kirche stehend sieht man, daß beide Spitzen einen einzigen, mächtigen Turm krönen. Dennoch sind es zwei Türme, denn einige Schritte neben dem eigentlichen Kirchenbau steht ein hölzerner Glockenturm.
Das exakte Baudatum ist unbekannt. 1280 wird erstmals urkundlich ein Pfarrer für Altenbruch erwähnt, man hält die Kirchengründung etwa um 1200 herum für wahrscheinlich. Die Konturen dieses ursprünglichen Baus sind an der heutigen Außenansicht nachzuvollziehen. Er bestand aus dem Turm und dem anschließenden niedrigeren Teil des Kirchenschiffs. Ein wenig von dem Feldsteinmauerwerk dieses romanischen Baus ist vor allem an der Südseite von Turm und Schiff noch zu sehen. Erst 1493/94 kam es zur Erweiterung von St. Nicolai durch einen ostwärts angebauten Hallenchor. 1727/28 brach man diesen mittlerweile einsturzgefährdeten Teil ab und ersetzte ihn durch den heutigen barocken Chor.
Die 45 Meter hohe Doppelspitze diente nicht allein sakralen Zwecken, sondern erfüllte eine handfeste nautische Funktion. Die Elbschiffer benutzten sie bis ins 20. Jahrhundert hinein als Orientierungshilfe. Schließlich bietet ihr Anblick vom Wasser aus ein ähnlich markantes Seezeichen wie etwa die Kugelbake. Für die Installation großer Glocken war die Doppelspitze weniger geeignet. 1646 errichtete man daher den hölzernen Glockenturm, der noch heute in Betrieb ist.
Das Bild der Kirche gibt Zeugnis vom Wohlstand Altenbrucher Bauern früherer Jahr-

St.-Nicolai, Blick auf den Altarraum

hunderte, und die Inneneinrichtung bestätigt diesen Eindruck. Das Gestühl, überwiegend aus dem 18. Jahrhundert stammend, ist prächtig bemalt mit Wappen, Blumen, Ranken und Bildsprüchen. Hier saßen die Frauen. Der Platz für die Männer war in den abgeschlossenen Hochstühlen, die einerseits ihre dominierende Rolle unterstrichen, vor allem aber genügend Sichtschutz boten, um unbemerkt von Pfarrer und Eheweib den Gottesdienst über eine Außentreppe zu verlassen und den sonntäglichen Wirtshausbesuch etwas vorzuverlegen.

Der geschnitzte Flügelaltar unbekannter Herkunft gilt als bedeutendstes Altarwerk des Hadelner Landes. Den Altarraum umziehen Chorschranken, in deren Mitte die Kanzel als Portalbau eingefügt wurde. Diese ungewöhnliche Konstruktion hat schon zum Vergleich der Altenbrucher Kanzel mit einer Schiffs-Kommandobrücke geführt – ein schlüssiges Bild für ein Dorf am Schiffahrtsweg.

14 an den Seitenwänden hängende Votivgemälde – die meisten gefertigt von Samuel Becker – stammen aus dem 17. Jahrhundert. Den Abschluß an der Nordseite bildet die große Orgel, die Johan Hinrich Klappmeyer, ein Schüler Arp Schnitgers, schuf.

»Bauerndom« nennt der Volksmund die St.-Nicolai-Kirche, leicht schmunzelnd über die Prunksucht der früheren Altenbrucher. Doch die Verzierungen und Schnörkel, deren Anbringung einst sicher nicht ganz ohne Anflug von Eitelkeit erfolgte – schließlich neigte man schon immer dazu, zu zeigen, was man hat –, fügen sich zu einem eindrucksvollen Gesamtkunstwerk.

St.-Nicolai-Kirche, Besichtigung Mai bis September täglich 14.00-17.00 Uhr, sonst nach Absprache mit dem Kirchenbüro (Tel. 04722/2514).

Villa Gehben

Gegenüber der Kirche steht am Alten Weg eine wuchtige Villa. »Deutsche Art treu bewahrt« ziert als Wahlspruch den Giebel, obwohl die übergroß dimensionierten Fenster und ein Türmchen mit pagodenartigem Dach alles andere als teutonisch wirken. Tatsächlich war der Auftraggeber auch entsetzt, als er das vorher unbesichtigte Haus erstmals in Augenschein nahm. Was heutige Betrachter als ästhetisch, großzügig oder wenigstens kurios empfinden, muß für Ernst Gehben ein herber Schock gewesen sein. Mitte des 19. Jahrhunderts emigrierte der 15jährige Altenbrucher nach Nordamerika und vollzog die klassische Karriere vom Hilfsarbeiter zum Millionär. Ebenso klassisch erscheint in seinem Lebensplan, daß er erst in älteren Jahren an eine Familiengründung dachte. In alter Heimatverbundenheit ehelichte Gehben eine Altenbrucher Bauerstochter und bezog mit ihr eine Farm in New Jersey. Nun begannen die Komplikationen. Die junge Frau Gehben lebte sich in der neuen Umgebung nicht ein und litt permanent unter Heimweh. Ernst Gehben, der sich vom Geschäftsleben ohnehin zurückgezogen hatte, zog die Konsequenz: Er beauftragte seinen Schwiegervater mit dem Erwerb eines Grundstücks in Altenbruch und einen befreundeten Architekten namens Achmed Steinmetz mit dem Entwurf eines Alterssitzes.

Steinmetz arbeitete prompt und schickte die Pläne zum Auftraggeber, der sie an die New Yorker Tiffany-Company weiterreichte, die zwei Fenster für das Haus kreieren sollte. Und dort geschah das Malheur: In Unkenntnis deutscher Längenmaße »verbesserte« man die in Meter angegebenen Proportionen des Bauplans. Statt eines Meters veranschlagte man mit amerikanischer Großzügigkeit vier englische Fuß – 32 Zentimeter mehr als geplant. Die geänderten Pläne gelangten retour zum Architekten, und Steinmetz, der die neuen Maße für einen skurrilen Wunsch seines transatlantischen Kunden hielt, führte die Vorgabe getreulich aus, nicht ohne noch viele Stunden mit komplizierten Umrechnungen einzelner Details auf das neue Format beschäftigt zu sein...

Vermutlich kurz vor dem Nervenzusammenbruch war der Architekt, als schließlich aus New York, 5th Avenue, die schmucken Glasfenster für das Vestibül geliefert wurden. Mittlerweile hatte man nämlich bei Tiffany offenbar das Know how bezüglich fremder Maßeinheiten erweitert, denn die Fenster waren korrekt nach der ursprünglichen Metervorgabe gefertigt und daher für die überdimensionierten Fensteröffnungen zu klein. Eine bilderrahmengleiche Glasbordüre schuf flugs Abhilfe – an Phantasie mangelte es dem Architekten glücklicherweise nicht.

1908 bezog Ernst Gehben die Villa, über die er, gelinde gesagt, nicht sehr glücklich war. Dennoch blieb er hier bis zu seinem Tod 1916, seine Frau verstarb bereits vier Jahre früher.

Nach unterschiedlichster Nutzung der Räumlichkeiten (u.a. als Rathaus) übernahm 1972 die Stadt Cuxhaven im Zuge der Eingemeindung Altenbruchs die Villa Gehben. Einer Grundinstandsetzung folgte die noch nicht abgeschlossene zeitgemäße Möblierung, die eine Innenbesichtigung lohnt.

Das Betreten der Villa ist grundsätzlich möglich, öffentliche Stellen der Verwaltung und der Stadtbibliothek haben hier ihren Sitz. Prachträume wie der »Blaue Salon«, eingerichtet für 80 Personen, werden für Lesungen, Konzerte und Ausstellungen benutzt und

»Villa Gehben«

machen durch ihr Ambiente diese Veranstaltungen zum besonderen Erlebnis.

Villa Gehben: Veranstaltungsinformationen beim Verkehrsverein Altenbruch (Tel. 04722/341).

U-Boot-Archiv

Sehr speziell, aber nicht minder interessant ist das Altenbrucher U-Boot-Archiv. Der Bestand geht zurück auf die private Sammlung des ehemaligen U-Boot-Wachoffiziers Horst Bredow. Das Archiv beinhaltet ca. 50.000 Fotos, technische Informationen über sämtliche U-Boottypen aller Zeiten und eine umfassende Fachbibliothek. Diese einmalige Einrichtung ist nur Fachbesuchern nach Vereinbarung zugänglich, doch eine angegliederte Sammlung mit Exponaten aus der Welt der Unterseeboote ist öffentlich zugänglich und eintrittsfrei.

Stiftung Traditionsarchiv Unterseeboote, Altenbrucher Bahnhofstr. 57, 27478 Altenbruch, Tel. 04722/322, geöffnet ganzjährig Di. und Fr. 9.30-11.30 Uhr.

Internationales Drachenfestival

Ein großes Ereignis in Altenbruch ist das alljährlich an einem Augustwochenende stattfindende Drachenfestival. Schauplatz des Spektakels ist ein Areal am Deich in Hafennähe. Die bunten Farben der phantasievollen Drachenkonstruktionen vor der Kulisse von grünem Gras und blauem Himmel geben ein prächtiges Bild ab. Drachenfans aus aller Welt treffen sich hier zum Fachsimpeln und Feiern – der gesellige Teil wird großgeschrieben. Schon freitags startet die Veranstaltung mit einem Open-Air-Konzert unter dem bezeichnenden Motto »30.000 Watt am Watt«. Viele bleiben in Zelten oder Wohnmobilen das ganze Wochenende auf dem Gelände, um keine Attraktion bei Deutschlands größtem Drachenfestival zu versäumen.

Informationen: Verkehrsverein Altenbruch, Tel. 04722/341.

Bojenbad

Östlich des Hafens befindet sich das Altenbrucher Bojenbad. Vom 1. Juni bis zum 31. August kann hier innerhalb eines durch Bojen markierten Abschnitts gebadet werden. Ein ganz neues Gefühl für passionierte Badewannenkapitäne: Statt mit den obligaten Modellschiffchen teilt man das Badewasser mit ausgewachsenen Containerfrachtern, die in nächster Nähe vorüberrauschen. Die Badezeit ist allerdings tidenabhängig. Sie beginnt jeweils eine Stunde vor Hochwasser und endet eine Stunde danach.

Döse

Als aus Cuxhaven 1907 eine Stadt wurde, gehörte Döse schon dazu. Das Dorf ist vermutlich mit seinem Vorläufer Steinmarne eine der frühesten Besiedlungsstätten der Region, älter noch als Ritzebüttel. Nachweislich waren die Döser um 1100 n.Chr. am Bau des Hadeler Seebanddeiches beteiligt, der sich von Duhnen bis zur Ostemündung erstreckte und als technische Meisterleistung des Mittelalters gilt.

Heute ist Döse ein Mittelpunkt des Ferienbetriebs. Das liegt zum einen an dem langen Sandstrand, zum anderen daran, daß seit 1983 mit der Kugelbake-Halle das größte Veranstaltungszentrum weit und breit »vor Ort« ist. Ganzjährig finden hier Gastspiele nationaler und internationaler Bühnen statt. Geboten wird ein abwechslungsreiches Programm von Oper bis Varieté.

Einen jährlichen Höhepunkt bildet das am zweiten Septemberwochenende stattfindende Straßenfest »Op no Dös«. Rund um die Döser Kirche herrscht für zwei Tage buntes Treiben mit Trödelmarkt, Jazz-Frühschoppen und Popkonzert.

Kugelbake-Halle, Strandstr. 80, Tel. 04721/4080.

Veranstaltungsansage: 04721/40883.

Kartenvorverkauf: Mo. bis Do. 10.00-12.00 Uhr und 14.00-16.00 Uhr, Fr. 10.00-12.00 Uhr, Tel. 04721/40888.

Strandbad »Döse«

Die Kugelbake – »Letzte Ecke vor Amerika«

Das bizarre Seezeichen am Döser Strand ist zum Wahrzeichen der ganzen Stadt geworden. Sogar zum offiziellen Emblem: Das Cuxhavener Stadtwappen zeigt die schwarze Kugelbake wasserumspült auf goldenem Grund.

Wann genau erstmals eine Bake an dieser Stelle errichtet wurde, ist unklar. Verbürgt ist das Seezeichen ab Anfang des 18. Jahrhunderts. Eine Navigationshilfe hat es hier sicher schon früher gegeben, denn diese Stelle bildet die offizielle Grenze zwischen Nordsee und Elbe. Exponiert am Ende des 250 Meter langen Steindamms gelegen, kam die Bake im Laufe der Jahre mehrmals durch Sturm, Flut oder Eisgang zu Schaden. Das heutige, knapp 30 Meter hohe Exemplar hält immerhin seit 1898. Die beiden Kugeln im Top gaben der Bake ihren Namen.

Für die Seeleute galt die Kugelbake jahrhundertelang als wichtige Orientierungshilfe, für viele Auswanderer als letzter Heimatgruß und »letzte Ecke vor Amerika«. Im Zeitalter der Radarlotsung ist die Bedeutung ihrer nautischen Funktion stark gesunken, doch die Beliebtheit dieses originellen Seezeichens ist geblieben.

Duhnen

Das traditionsreiche einstige Fischerdorf steht heute ganz im Zeichen des Kurbetriebs. In dem wohl bekanntesten Cuxhavener Kurteil wird dem Gast von der Jugendherberge bis zur Luxus-Suite jede Art von Unterkunft geboten. Das eigentliche »Dorf« ist hinter der Kulisse von Ferienhäusern, Pensionen und Apartementblocks untergegangen. Doch wer hier Urlaub macht, will ohnehin vor allem das Strandleben genießen, für das Duhnen berühmt ist.
Schon 1904 galt Duhnen als Badeort. Man besaß bereits ein Kurhaus und veranstaltete Kurkonzerte. Ein Duhner namens Lindner vermietete die ersten Strandkörbe, auf die sogar ein »Deutsches Reichspatent« erteilt wurde – mittels eines Rollvorhangs ließ sich der Korb zu einer Umkleidekabine umfunktionieren.
Schlummern im Strandkorb oder im Sand, Wattwandern und Baden sind gesuchte Möglichkeiten der Erholung. Textilfrei badet man an dem eigens eingerichteten FKK-Strandabschnitt südlich des Kurmittelhauses, vom Volksmund neckisch »Nackeduhnien« genannt. Der kinderfreundliche Sandstrand fällt flach ab, für Eltern beruhigend zu wissen. Und falls das Wetter einmal nicht mitspielt, gibt es in Duhnen Unterhaltungsangebote genug, um keine Langeweile aufkommen zu lassen.
Informationen und Beratung erteilt die Kurverwaltung, die ihren Sitz in Duhnen hat. Eintrittskarten für Veranstaltungen können hier bestellt werden.

Haus der Kurverwaltung, Cuxhavener Str. 92, Tel. 04721/4040, Fax 04721/49080.

Duhner Wattrennen – die schnellsten »Seepferdchen« der Welt

Jedes Jahr an einem Sonntag im Juli wird aus dem Duhner Familienstrand eine Rennbahn. Schlammbespritzt rasen Pferde und Reiter entlang der Wasserkante dem Ziel entgegen. Sulkys graben Spuren in den Meeresboden, wo sonst bedächtig die Wattwagen verkehren. Und wer normalerweise erholungshalber jede Aufregung vermeidet, steht bei dieser Gelegenheit am Totalisator und zockt.
Seit 1902 hat das Duhner Wattrennen Tradition, eine gelungene Mischung aus Volksfest und sportlicher Veranstaltung. Der sportliche Wert der Rennen ist nicht zu unterschätzen. Es geht nicht bloß um die Ehre, sondern um teilweise erhebliche Preisgelder, und so geht es richtig »zur Sache«.
So ungewöhnlich das Geläuf auch ist – für die Pferde ist es keine Quälerei. Tatsächlich gilt das Watt für Rennpferde sogar als ideales Trainingsgebiet, denn der weiche Boden stärkt die Muskulatur und schont gleichzeitig durch seine Nachgiebigkeit die empfindlichen Gelenke der Tiere.
Das Duhner Wattrennen ist im doppelten Sinn ein Rennen gegen die Uhr, denn die Rennen müssen abgewickelt sein, bevor das Geläuf vom Hochwasser völlig überspült

Wahrzeichen »Kugelbake«

Duhner Wattrennen

ist. Vor dem letzten Start ist meist vom Boden nicht mehr viel zu sehen, und die hinteren Akteure verschwinden in einer Wand aus wirbelnder Gischt.

Die »Wattenpost« – Deutschlands letzte Postkutsche im Dienst

Eine Wattwagenfahrt nach Neuwerk ist ein besonderes Erlebnis, ein »Muß« für jeden Cuxhaven-Urlauber. Mehrere Veranstalter in allen Kurteilen bieten Fahrten an, in der Hauptsaison sind bis zu 45 Wagen im Einsatz. Der Wattenweg nach Neuwerk ist von Duhnen aus mit zwölf Kilometern (Fahrtzeit ca. 1 Std. 15 Min.) etwas länger als der ab Sahlenburg (zehn Kilometer, Fahrtzeit ca. 1 Std.).

Die Wattwagenlenker sind versierte Führer im Watt. Ihr Beruf ist beileibe kein Touristen-Gelegenheitsjob. Nur wer bestimmte Ausbildungsstufen durchlaufen und jeweils erfolgreich eine Prüfung absolviert hat, wird als Fahrer zugelassen. Die Einschätzung von Wetterumschwüngen, höher einsetzender Flut oder Prieltiefe will eben gelernt sein. Sicherheit ist oberstes Gebot. Dazu gehört auch, daß die Wattwagen öfter vom TÜV auf Mängel untersucht werden als normale Kraftfahrzeuge – einmal jährlich.

Wattwagen gehören seit über hundert Jahren zum Strandbild Duhnens. 1885 erledigte der Postreiter Christian Brütt seinen Dienstweg nach Neuwerk erstmals mit seinem Ackerwagen. Es dauerte nicht lange, bis auch Badegäste Gefallen an dieser Transportmöglichkeit nach Neuwerk fanden – der Wattwagen als Touristenattraktion war geboren. Der Postdienst blieb weiter in Händen der Familie Brütt, deren Wagen bis zum heutigen Tag das offizielle Posthorn ziert. Noch immer stellt die Brütt'sche Kutsche den einzigen Weg dar, auf dem die Neuwerker ihre Post zugestellt bekommen – in einer Welt der High-Tech-Kommunikation eine nostalgische Kuriosität ersten Ranges.

Besonders für Gäste, die Cuxhaven außerhalb der Saison zu einer Zeit besuchen, da alle anderen Veranstalter den Wattwagenbetrieb ruhen lassen, bietet die Wattenpost Gelegenheit, doch noch zu dem Erlebnis einer Neuwerk-Fahrt mit Pferd und Wagen zu gelangen. Jan Brütt, Postkutscher der mittlerweile 5. Generation, fährt, wenn Eisgang, Wind und Wetter es zulassen, zu jeder Jahreszeit.

Wattenpost: Jan Brütt, Duhner Strandstr. 19, Tel. 04721/48139.

Die Wattenpost

Meerwasser-Brandungs-Hallenbad

Die Schlechtwetter-Alternative zum Strand ist das Meerwasser-Brandungs-Hallenbad. Bei 27°C Wassertemperatur hat man die Nordsee richtig gern, und der Panoramablick über Strand und Meer bis Neuwerk steigert das erfreuliche Erlebnis noch. Auch außerhalb des Beckens läßt es sich genießen, denn Sonnenbänke, Wasserfall, Wasserglocke, Sauna mit Tauchbecken und eine Cafeteria ergänzen das Angebot. Der ganz besondere Clou: An Ihrem Geburtstag zahlen Sie hier keinen Eintritt. Grund genug für eine kleine Jubiläumsfeier im Hallenbad.

Meerwasser-Brandungs-Hallenbad, Wehrbergsweg 34,
Tel. 04721/47025, geöffnet täglich 10.15 - 19.30 Uhr.
Jeweils Dienstags von 17.30 - 19.00 Uhr ist FKK-Badezeit.
Im Nov./Dez. ist das Bad für ca. fünf Wochen geschlossen.

Grimmershörn

Ein weiteres Badeerlebnis besonderer Art bietet der Besuch des Bojenbads Grimmershörn. Es liegt nur wenig westlich der Alten Liebe geschützt in der Grimmershörn-Bucht an einem Grünstrand. Ausblick auf den lebhaften Schiffsverkehr ist hier garantiert.

Kurzweil garantiert ebenfalls die Nachbarschaft von Fährhafen, Seebäderbrücke und RoRo-Terminal – was kann schöner sein, als im Strandkorb zu liegen und anderen bei der Arbeit zuzusehen? Autos werden verladen, Lastwagen rollen samt aufliegender Container in den Bauch großer Schiffe, und in den Sommermonaten verkehren im Fährhafen die Seebäderschiffe. Da nimmt man gern in Kauf, daß im Bojenbad Grimmershörn ebenso wie in Altenbruch nur im Zeitraum von einer Stunde vor bis einer Stunde nach dem Hochwasser gebadet werden kann, zumal es die zentrale Lage erlaubt, an das Badevergnügen einen Stadtbummel anzuschließen.

Die Grimmershörn-Bucht ist auch die Kulisse für den alljährlich im Juli zelebrierten »Sommerabend am Meer«, ein romantisch-vergnügtes Fest mit Showprogramm, illuminierten Booten und Feuerwerk.

Bojenbad Grimmershörn, geöffnet 1. Juni - 31. August.

Die Heidedörfer – Cuxhavener Hinterland

Auch die Cuxhavener Kurteile, die nicht unmittelbar an einem der langen Sandstrände liegen, gelten als beliebte Ferienziele. Gute Gründe sprechen für einen Urlaub in Berensch-Arensch, Oxstedt, Holte-Spangen oder Altenwalde. Die Kurtaxe fällt geringer aus als in Döse oder Duhnen. Wer nicht auf einen reinen Strandurlaub erpicht ist, findet hier die schönsten Wander-, Reit- und Radwege. Ruhiger Urlaub auf dem Lande – vielleicht auf einem Bauernhof – mit der Möglichkeit, jederzeit einen Badeausflug zur nahegelegenen Küste unternehmen zu können, ist für Familien mit Kindern eine echte Alternative zum Hochsaison-Trubel am Strand.

Die wald- und heidereiche Übergangslandschaft zwischen Geest und Marsch ist abwechslungsreich und reizvoll. Bei Reitern steht das Gebiet hoch im Kurs. Viele Pferdefreunde verbringen hier Reiterferien oder haben sogar das ganze Jahr über eigene Tiere auf umliegenden Höfen »in Pension«.

Im Cuxhavener Hinterland setzt man auf aktive Erholung. Altenwalde besitzt ein eigenes Kurmittelhaus und ein Schwimmbad. In Oxstedt findet man neben einem Freibad sogar einen 62 Hektar großen 18-Loch-Golfplatz.

Verkehrsvereine Berensch-Arensch, Oxstedt, Holte-Spangen und Altenwalde siehe Kapitel Adressen.

Lüdingworth

Fährt man auf der Straße entlang des Altenbrucher Kanalufers südwärts, ist der Lüdingworther Kirchturm fast von Beginn an in Sichtweite. Lüdingworth zählt ebenso wie das benachbarte Altenbruch, mit dem zusammen es 1972 Cuxhavener Stadtteil wurde, zu den ältesten Gemeinden der Region. Schon 1289 fand es als Kirchspiel urkundlich Erwähnung. Die Endsilbe »-worth« belegt, daß die ursprüngliche Ansiedlung auf Zeiten zurückgeht, da die Marschbevölkerung ihre Anwesen auf flutsicheren Hügeln, den Wurten, anlegte. Auch heute noch ist die Wurt, auf deren höchstem Punkt die Kirche errichtet ist, gut zu erkennen.

Landwirtschaftliche Betriebe prägen das Ortsbild, das touristische Motto Lüdingworths lautet »Urlaub auf dem Bauernhof«. Die hiesige Architektur ist deutlich unspektakulärer als die Altenbruchs. Dafür kann man mit einem berühmten Sohn renommieren. Am 17. März 1733 wurde in Lüdingworth Carsten Niebuhr geboren, ein Forschungsreisender des 18. Jahrhunderts. 1761 gehörte er einer Gruppe von Wissenschaftlern an, die im Auftrag des dänischen Königs den Orient besuchte. Während der siebenjährigen Reise, die er übrigens als einziger der Gruppe überlebte, zeichnete er die Ruinen von Persepolis und leistete Vorarbeiten für die Erforschung der Keilschrift.

Niebuhr war nicht nur ein guter Beobachter, sondern auch ein glänzender Erzähler, der über seine Erlebnisse fabulieren konnte wie Karl Mays »Kara Ben Nemsi«. Legende ist seine Anekdote, wie er eines Tages als Gast im Zelt eines arabischen Beduinenscheichs weilte und unfreiwillig Zeuge einer lautstarken Auseinandersetzung zwischen dem Zeltherrn und einer Sklavin wurde. Kaum daß der schnaubende Scheich das Zelt verlassen hatte, rief ihm die Frau im schönsten Hadeler Dialekt nach: »Du ole Bullerballer!« Es erwies sich, daß sie ebenso wie Niebuhr aus Lüdingworth stammte, auf einer Reise nach Surinam von Seeräubern gefangen genommen und in den Orient verkauft wurde. Niebuhr redete ihr zu, sie solle doch mit ihm in die Heimat zurück, doch vergeblich: Sie hatte sich bereits so sehr an ihren »olen Bullerballer« gewöhnt.

Carsten Niebuhr starb nach bewegtem Reiseleben als dänischer Etatsrat und Mitglied zahlreicher gelehrter Gesellschaften 1815 in Meldorf/Holstein. Eine Gedächtnistafel an der Nordwand der Lüdingworther Kirche erinnert an ihn.

Heidelandschaft bei Arensch

St.-Jacobi-Kirche

Wie St. Nicolai in Altenbruch ist auch die St.-Jacobi-Kirche ein vermutlich um das Jahr 1200 entstandener romanischer Feldsteinbau. Die einschiffige Kirche wurde im 16. Jahrhundert um einen dreischiffigen, quadratischen Hallenchor ergänzt. In dessen Ostwand sind 36 Familienwappen aus Sandstein eingefügt – Zeichen des Selbstbewußtseins und Wohlstands des freien bäuerlichen Standes, der mit Geld und tatkräftiger Hilfe den Anbau ermöglichte.

Etwa zur selben Zeit errichtete man an der Westwand den auf Spickpfählen gegründeten Turm. Der unsichere Baugrund erwies sich jedoch bis heute als stete Ursache regelmäßig erforderlicher Reparaturen, die meist – wiederum wie in Altenbruch – mit Backsteinen ausgeführt wurden.

Den Innenraum der Kirche überspannt eine Holzbalkendecke. Die gesamte Fläche der in 16 Felder unterteilten Decke ist mit Malereien geschmückt, die gegen Ende des 16. Jahrhunderts entstanden. Rundmedaillons zeigen Christus, die Propheten und alttestamentarische Könige, flankiert von den Wappen der Bauernfamilien. Darstellungen von Blumen, Früchten, Vögeln und Grotesken füllen die Zwischenräume dieses eindrucksvollen Riesengemäldes.

Für die Installation der Orgel wurde ein Teil der Decke weggeschnitten. 1598 hatte Antonius Wilde die Orgel geschaffen, 1682 baute Arp Schnitger das Instrument um und erweiterte es um ein Rückpositiv. Die Orgel gilt als vorbildliches Beispiel norddeutscher Orgelbaukunst der Renaissance und des Barocks. Nicht nur ihre äußere Gestaltung, auch ihr Klang ist von hoher Qualität. Es ist sehr zu empfehlen, sich bei einem längeren Cuxhaven-Aufenthalt in Lüdingworth über Konzerttermine zu informieren.

Der Hauptaltar, geschaffen 1665, ist ein Werk des Bildhauers Jörgen Heytmann d. J., der auch den barocken Deckelaufsatz der rechts neben dem Altar befindlichen Bronzetaufe (Anfang 14. Jahrhundert) schuf.

Ein weiterer Altar steht in der Nordostecke des Chors. Der Flügelaltar zeigt in aus Lindenholz geschnitzten Gruppen folgende Szenen: Mariä Verlobung, Mariä Empfängnis, Mariä Heimsuchung, Christi Geburt, Christus im Tempel, die Heiligen Drei Könige.

Entstanden ist die Arbeit vermutlich zwischen 1430 und 1440. Dieser sogenannte »Lüderskooper Altar« hat eine bewegte Geschichte: Ursprünglich zierte er die Marienkapelle von Lüderskoop, einer kleinen Siedlung, die im Mittelalter westlich von Lüdingworth lag (auf der Flur zwischen Westerende und Kösters Weg). Die Pest löschte die Ortschaft aus, als einzige Hinterlassenschaft blieb der Flügelaltar.

St.-Jacobi-Kirche Lüdingworth,
Besichtigung 9.00-17.00 (April bis Okt.),
Voranmeldung für Gruppenführungen unter Tel. 04724/1777.

Deckenmalerei in der St.-Jacobi-Kirche

Sahlenburg

Das langgestreckte Straßendorf bietet ein für diese Region ungewöhnliches Landschaftsbild, denn hier treffen Wald, Watt und Heide aufeinander. Eine Konstellation mit hohem Freizeitwert: Badelustige finden ihr Eldorado an langen Sand- und Grünstränden, Wandervögel erholen sich im Wernerwald. Wattwanderer können ihre Touren im Informationszentrum des Nationalparks Wattenmeer vor Ort theoretisch vor- und nachbereiten. Sahlenburg liegt Neuwerk vis-á-vis, von hier führt der kürzeste Weg zur Insel. Wer zu Fuß hinüber will (nicht ohne Führer!), sollte hier starten. Natürlich ist Sahlenburg wie Duhnen Ausgangspunkt vieler Wattwagenfahrten.

Nationalpark-Zentrum Wattenmeer

Das Zentrum ist eine öffentliche Informations- und Bildungseinrichtung. Eine Dauerausstellung informiert auf über 50 Schautafeln umfassend über Entstehung, Ausdehnung und Strukturen des Wattenmeeres, Lebensräume und Lebensgemeinschaften von Watt, Salzwiesen und Dünen sowie Naturschutz und Funktion des Nationalparks.
Auch für Kinder ist die Ausstellung attraktiv, da sie sich nicht auf Schautafeln beschränkt. Ein wandgroßes Luftbild des Watts vor Cuxhaven und ein naturgetreues Wattbodenmodell vermitteln einen plastischen Eindruck dieser einzigartigen Landschaftsform. In drei Meeresaquarien kann man einheimische Fische wie den prähistorisch anmutenden Seeskorpion beobachten.
Besonders eindrucksvoll ist eine Vitrine mit ausgestopften See- und Zugvögeln. Ein Tableau vor der Vitrine bezeichnet die einzelnen Arten, auf Knopfdruck wird der entsprechende Vogel angestrahlt und vom Tonband ertönt sein Ruf. Eine spannende Sache und die Rettung für ornithologisch unbewanderte Eltern: »Mama, Papa, wie heißt denn der Vogel, der vorhin so laut geschrien hat?« – kein Problem in Sahlenburg.
Im angegliederten Kursraum finden Video- und Filmvorführungen, Diavorträge und mikroskopische Übungen statt. Wer ein Auge für die naturkundlichen Besonderheiten des Watts entwickeln will, sollte sich einer fachkundig geführten Exkursion anschließen. Es werden auch für Kinder spezielle Führungen angeboten.

Nationalpark-Zentrum Wattenmeer,
Hans-Clausen-Str. 19 (Strandhochhaus), Tel. 04721/28681.

Öffnungszeiten
April bis Okt.:
Mo. bis Do.10.00-17.00 Uhr, Fr. 10.00-18.00 Uhr, Sa., So., Feiertage 14.00-18.00 Uhr.
Nov. bis März:
Mo. bis Do. 10.00-16.00 Uhr, Fr. 10.00-13.00 Uhr, So. 14.00-17.00 Uhr, Sa. geschlossen.

Der Wernerwald

Ein 400 ha großer Wald, der bis ans Meer heranreicht – das ist an der Nordseeküste einmalig. Wer heute durch den Wald spaziert, kann sich kaum vorstellen, daß hier noch vor 120 Jahren nichts als karge Heide wuchs.
Als man gegen Ende der 70er Jahre des 19. Jahrhunderts das Sahlenburger Gemeindeland aufteilte, beanspruchte Hamburg einen Anteil von 60 ha. Wie der Ritzebütteler Amtsverwalter Dr. Charles Anthony Werner (Amtszeit 1868-1891) angesichts des Dünen- und Sandgeländes auf die Idee kam, hier einen Wald anzulegen, liegt im Dunkeln. Er besaß jedenfalls genug Tatkraft, seinen Plan durchzusetzen. Weiteres Gelände wurde hinzugekauft und 1880 mit der Aufforstung begonnen. Schon bald zierte

Das Wattenmeer

der Wald das Ufer. Zunächst nannte man ihn offiziell »Sahlenburger Revier«, im Volksmund hieß er jedoch schlicht »Wernerwald«, eine Bezeichnung, die sich schließlich durchsetzte. Verdient hat der Amtmann die Ehre allemal.
Sogar in die Literatur ging der Wald ein: Kein geringerer als Joachim Ringelnatz, der während des Ersten Weltkrieges in Sahlenburg als Marineleutnant stationiert war, pries dessen Schönheit in seinem Buch »Als Mariner im Kriege«.
Von den vielen Campingplätzen Cuxhavens ist der im Wernerwald der landschaftlich wohl am schönsten gelegenste. Wer hier Ferien macht, hat Wald und Meer vor der Zelt- oder Wohnwagentür. Im Wald gibt es einen großzügigen Kinderspielplatz, ein beheiztes Freibad und einen Trimm-Pfad. Auf der Waldbühne an der Wernerwaldstraße finden im Sommer regelmäßig Veranstaltungen statt. Vier markierte Wanderwege durchkreuzen den Wernerwald, dessen Artenreichtum auf angeleiteten Exkursionen erforscht werden kann. Eine Besonderheit ist das mitten im Wald gelegene Finkenmoor, ein Süßwasserteich, der als Vogel- und Libellenparadies gilt.

Der Galgenberg

Geht oder fährt man auf dem Karl-Waller-Weg, der von der Sahlenburger Chaussee nach Stickenbüttel führt, ragt unmittelbar neben der Straße ein steiler Hügel aus der ansonsten flachen Landschaft. »Sahlenburg« steht auf einem davor aufgestellten Findling. Tatsächlich erinnert der Hügel an eine Festung. Die steile Erhebung ist von einem Außenwall umgeben, und obwohl baum- und buschbewachsen, wirkt sie nicht wie eine natürliche Landschaftsform.
Seine Entstehung geht vermutlich auf eine frühzeitliche Grabstätte zurück. In späteren Jahren verschanzte man den Hügel. Wer gegen wen kämpfte, welcher Art die Befestigungen waren und ob Raubritter hier residierten oder Piraten ihre Schätze versteckten, bleibt im Dunkel der Geschichte. Allzu friedlich wird es um den Berg nicht gewesen sein, und finster blieb auch seine weitere Bestimmung.
1695 verlegte man die Gerichtsstätte des Landes vom Seebanddeich auf den Hügel, der von nun an »Galgenberg« hieß. Ein schwerer Gang für die Delinquenten, diese letzte Steigung vorbei an schaulustigem Volk hinauf zu dem Plateau, wo neben dem Rundblick über Land und Meer Stahl oder Strick des Scharfrichters warteten. Bis ins 19. Jahrhundert hinein wurden hier Todesurteile vollstreckt.
Die Grausamkeiten sind gottlob Geschichte. Geblieben ist der Hügel, sein düsterer Name und die grandiose Aussicht.

Vorseiten: Der Wernerwald

Stickenbüttel

Dieser kleine Cuxhavener Kurteil hat trotz seiner Nähe zum Stadtzentrum seinen dörflichen Charakter bewahrt. Die Lage hat Vorteile: Sowohl die Einkaufsmöglichkeiten der City als auch die Strände von Duhnen und Sahlenburg sind zu Fuß oder per Rad erreichbar.

Brockeswald

Der Wernerwald ist nicht die einzige Aufforstung, die auf die Initiative eines Hamburger Amtmanns zurückzuführen ist. Wo sich die Chausseen nach Sahlenburg, Duhnen und Ritzebüttel kreuzen, liegt der kleine Brockeswald. Barthold Heinrich Brockes amtierte von 1735 bis 1741 im Schloß Ritzebüttel, für den belesenen und kunstliebenden Mann – er gilt als Begründer einen neuen deutschen Lyrik – ein einsamer Posten. Allerdings liebte er die Landschaft um Cuxhaven, die er in vielen seiner Gedichte beschrieb. Die Verwandlung der Befestigungsanlagen rund um das Schloß in einen blühenden Park war ihm Befriedigung und sinnvolle Aufgabe zugleich.
1837 ließ er ein etwa drei Kilometer westlich des Schlosses gelegenes wildgewachsenes Gehölz ausforsten, Wege anlegen und Bänke und Lauben aufstellen. Der dorthin führende Weg durch das Moor wurde aufgehöht und befahrbar gemacht. Auch wenn der Brockeswald bei weitem nicht die Dimension des Wernerwalds besitzt, ist er doch einen Spaziergang wert.

Das Wrackmuseum

Leicht gebeugt steht der Taucher da, mit der Welt oberhalb der Wasserlinie nur verbunden durch einen dicken Versorgungsschlauch. Der Strahl seiner Handlampe beleuchtet ein algenüberwuchertes Faß auf dem Meeresboden. Zwischen geborstenen Planken schimmert der Schatz: Münzen!
Diese Szene spielt nicht etwa auf hoher See, sondern mitten in Stickenbüttel. Denn hier steht das in Europa einmalige Wrackmuseum. Zurückgehend auf eine Sammlung und die Initiative des Wrackexperten Peter Baltes zeigt es auf einer Fläche von 1800 qm (innen und außen) über 1500 maritime Exponate vor allem aus den letzten zwei Jahrhunderten. Sie stammen von Schiffen, die zwischen Elbe und Weser, vor der Emsmündung oder in der Deutschen Bucht gesunken sind.
Mehrere Gefahren machen dieses Gebiet für die Schiffahrt zu einem besonders tückischen Gewässer: häufige Unwetter mit auflandigen Sturm- oder Orkanböen aus Nordwest, die Fahrtrouten kreuzende Fluß- und Tidenströme, besonders schmale und von tückischen Untiefen begrenzte Fahrrinnen. Nicht zuletzt ist es seit langem das am meisten befahrene Seegebiet der Welt. Die hier verlaufenden Schiffahrtswege kreuzen sich teilweise rechtwinklig, was die Kollisionsgefahr erhöht. Es läßt sich nur schätzen, wieviele Schiffe diesem Gewässer zum Opfer fielen. Man nimmt an, daß es seit dem Mittelalter vermutlich 3000 bis 4000 Schiffsuntergänge gab.
Die Exponate vermitteln eindrucksvoll ein Bild der Arbeitsbedingungen auf den Schiffen verschiedener Jahrhunderte. Neben Schiffsteilen und -einbauten sind Gegenstände aus der persönlichen Habe der Seeleute oder der jeweiligen Ladung ausgestellt, die mit dem Wrack versanken. Ob Tabakspfeife, Teekessel oder Babyschnuller (von 1912!)

Wrackmuseum

– der Anblick dieser vom Meeresgrund abgeborgenen Dinge hat etwas Anrührendes. Soweit es sich recherchieren ließ, ist neben den Vitrinen die Geschichte der jeweiligen Schiffe und ihres Untergangs beschrieben. Es sind Geschichten von bewegender Dramatik, wie beispielsweise die des deutschen Unterseebootes »U-51«, das am 14. Juli 1916 vor der Jademündung nach einem Torpedotreffer sank. Nur zwei Männer überlebten, die übrigen Besatzungsmitglieder starben – einige erstickten allerdings erst nach mehreren Tagen qualvoll.

Wrackmuseum, Dorfstr. 80, Tel. 04721/23341,
geöffnet Ende März bis Ende Oktober sowie während der
Weihnachtsferien: Di. bis Fr. 9.00-12.00 u. 15.00-18.00 Uhr,
Sa., So., feiertags 10.00-12.00 u. 15.00-18.00 Uhr,
Mo. geschlossen.

Neuwerk

Über die B 73 sind es von Cuxhaven nach Hamburg gut 130 Kilometer. Man kann aber auch eine Abkürzung durch das Watt nehmen, dann sind es nur etwa zehn – auf den Anblick von Michel, Alster oder Reeperbahn muß man dann allerdings verzichten.

Seit 1962 gehört Neuwerk, wie mit Ausnahme der Zeit ab 1937 in den fast 700 Jahren vorher, wieder zu Hamburg. Neuwerk, Verwaltungsbezirk Hamburg-Mitte, rückt der Hamburger Bevölkerung meist nur bei Bürgerschaftswahlen als »Stadtteil« ins Bewußtsein: Es ist traditionell der am schnellsten ausgezählte Wahlkreis.

Nicht immer war Neuwerk eine Insel. Bis hinter Scharhörn ragte das Land als feste Halbinsel ins Meer. Die Ausrichtung dieser Halbinsel nach Nordwesten läßt sich noch gut nachvollziehen, wenn man auf einer Landkarte eine gerade Linie von Duhnen nach Scharhörn zieht. Nachdem das einstige Festland im Meer versunken war, formte sich Neuwerk aus einer Düneninsel, die sich durch zunehmende Ablagerungen von Sand- und Tonpartikeln und allmählichen Pflanzenbewuchs verfestigte. Der durch Strömung und Sturmfluten bedingte Landfraß hielt bis in die jüngste Zeit hinein an. Noch vor 300 Jahren besaß das jetzt ca. drei Quadratkilometer große Neuwerk eine dreimal größere Ausdehnung als heute.

Die Besiedlungsgeschichte der Insel beginnt gegen Ende des 13. Jahrhunderts mit dem Turmbau (s. a. »Geschichten aus der Geschichte«). Von nun an gab es eine ständige Besatzungsmannschaft, deren Befehlshaber sich zunächst »Hauptmann« titulierten und Mitglied des Hamburger Rates waren. Nachdem in Schloß Ritzebüttel ebenfalls Hamburger Ratsherren als Amtmänner einzogen, unterstellte man ihnen die jeweiligen Neuwerker Obersten, die sich jetzt »Vögte« nannten und nicht länger Ratsmitglieder sein mußten.

Das Wrackmuseum in Stickenbüttel

Die bäuerliche Besiedlung der Insel begann erst im 16. Jahrhundert, nachdem Neuwerk 1556 eingedeicht wurde. Bis dahin bot allein der Turm Schutz vor den Sturmfluten. Die Siedler führten jahrhundertelang ein eher karges Leben, stets bedroht durch das Meer und während stürmischer Jahreszeiten oft wochenlang vom doch in Sichtweite liegenden Festland isoliert. Taufeinträge im Döser Kirchenbuch belegen eindrucksvoll solche Phasen. Wegen der hohen Kindersterblichkeit zu früherer Zeit empfahl die alte Döser Kirchenordnung, Neugeborene »nicht über die höchste Not über den dritten Tag ungetauft liegen« zu lassen. Diese Regel konnte bei auf Neuwerk geborenen Kindern nicht immer angewandt werden. Besonders im Winter dauerte es, bis der Döser Pastor für die Taufzeremonie das Watt überquerte. So liegen die Kirchenbucheinträge von Geburt und Taufe Neuwerker Kinder manchmal einige Wochen, mitunter sogar mehrere Monate auseinander – mit kommentierenden Zusätzen wie »hat wegen des vielen Eises nicht eher getauft werden können.«
Auch Begräbnisse verzögerten sich umständehalber. Die Neuwerker Siedler begraben ihre Toten auf dem Festland. Da blieb manche Leiche eine Zeitlang »über der Erde stehen«, bis die Überführung möglich wurde. So findet sich im Döser Kirchenbuch für den 14. März 1829 ein Eintrag über die Beerdigung der bereits am 24. Januar verstorbenen Neuwerkerin Maria Wilckens, »da der harte Winter alle Verbindungen mit dem festen Lande unmöglich machte«. Immerhin: »Der Leichnam hatte sich gut gehalten«, kommentierte der Pastor abschließend.
Die erste wetterunabhängige Kommunikationsmöglichkeit entstand 1870, als man zwischen Cuxhaven und Neuwerk einen elektrischen Telegraphen einrichtete. Elektrizität für die Bewohner gab es 1927 nach Inbetriebnahme eines Windgenerators, ein Kabel zum Festland wurde 1957 gelegt. Und tatsächlich existiert erst seit 1968 eine Wasserleitung nach Neuwerk – das einzige Süßwasser, das vor diesem Zeitpunkt auf der Insel verfügbar war, wurde in Zisternen gesammelt.
35 Einwohner zählt Neuwerk heute, die meisten Familien leben seit Generationen hier. Tourismus hat die Landwirtschaft als Haupterwerbsquelle abgelöst, was nicht heißt, daß es auf der Insel keine Bauern mehr gibt. Selbstversorgung ist für die Neuwerker noch immer ein praktisches und kostengünstiges Gebot. Nach wie vor muß vieles, was nicht auf der Insel erhältlich ist, umständlich vom Festland geholt werden – und das ist, auch wenn heute statt der Pferde meist der Trecker vor den Wagen gespannt wird, wie eh und je abhängig von Tide und Wetter.
Ebenso wie die Post. Es kann manchmal immer noch Wochen dauern, bis Jan Brütt, der Duhner Wattenpostkutscher, mit den Postsäcken auf die Insel kommen kann. Natürlich ist die Isolation nicht mehr so gravierend wie einst. Man hat Telefon und Faxgeräte, und in Notfällen schafft ein Hubschrauber den Sprung zum Festland in Minuten.
Etwa 130 Gästebetten bietet Neuwerk, zusätzlich einen Campingplatz und ein Schullandheim. Wenn dann an schönen Sommertagen die Armada der Tagesgäste (ca. 120.000 pro Saison!) die Insel bevölkert, die sich zu Fuß in gut einer Stunde umrunden läßt, verflüchtigt sich die Illusion von einem einsamen Eiland schnell. Selbst dann jedoch findet man noch ruhige Plätzchen, denn der größte Trubel herrscht rund um den Turm. Hier steigen die Passagiere aus den Wattwagen und fahren auch wieder ab, hier

Der Wattwagen - seit jeher das traditionelle Neuwerker Verkehrsmittel

befindet sich mit dem alten Turm die bekannteste Sehenswürdigkeit Neuwerks. Auf dem Platz vor dem Turm befindet sich ein naturkundliches Informationszentrum des Vereins »Jordsand« e.V., der unter anderem die Naturschutzgebiete Neuwerk-Vorland und Scharhörn betreut. Und nicht zuletzt betreibt unmittelbar gegenüber Otto Frers sein gemütliches Gartenlokal – Grund genug also für die Besucher, sich überwiegend in dem verlockenden Dreieck zwischen Ausstellung, Turmaussicht und Biertisch aufzuhalten. Wer den Andrang scheut, ein besonderes Erlebnis sucht und 29 weitere Gleichgesinnte zusammenbringt, kann einen garantiert ruhigen Picknickplatz buchen. Christa Osterhof (Tel. 04721/21447) serviert das Essen – mitten im Watt.

Ab Ende Oktober allerdings, wenn das Fährschiff der Cassen-Eils-Reederei die Insel bis Mitte März nicht mehr anläuft und die meisten Wattwagen für die Überwinterung in den Remisen verschwinden, findet Neuwerk zu dem zurück, was es eigentlich ist: Ein stilles Fleckchen Erde hinter trutzigem Deich, ausgestattet mit viel rauhem Nordsee-Charme.

Der Turm

138 Stufen bis zur Aussichtsplattform des 45 Meter hohen Neuwerker Wahrzeichens wollen bewältigt werden. Der Lohn ist ein grandioses Panorama: An besonders klaren Tagen reicht der Ausblick bis Helgoland (Blickrichtung Nordwest), zum Leuchtturm »Roter Sand« (Westen) oder zur Vogelinsel Trischen (Nordost).

Es ist nicht mehr der Originalbau von 1310. Der erste Turm brannte 1372 ab und das Backsteinmauerwerk des Folgebaus wurde an den Außenmauern nach und nach fast vollständig erneuert. Dennoch gilt der Turm als ältestes noch erhaltenes Bauwerk an der deutschen Küste. Seine Konstruktion mit den Mitteln der damaligen Zeit fordert Respekt vor der Leistung der Baumeister, die schließlich das gesamte Material – man denke allein an die Feldsteine für das über drei Meter tief in den Boden reichende Fundament – über das Watt herbeischaffen mußten.

Von Beginn an erfüllte der Turm mehrere Aufgaben, eine so wichtig wie die andere. Durch seine Höhe bot er (und bietet er noch) ein markantes Seezeichen, durch die bis zu 2,80 Meter dicken Mauern den Neuwerkern Schutz vor Feinden und Sturmfluten. Die überdachte Außentreppe führt noch immer direkt in den dritten Stock, die unteren Stockwerke waren nicht von außen zugänglich. Zu früherer Zeit konnte man den Turm sogar nur über eine Leiter betreten. Der einzige Schwachpunkt im Fall einer Belagerung war die Trinkwasserversorgung. Zwar hatten die Neuwerker in Turmnähe einen Süßwasserteich als Reservoir, aber der lag außerhalb der Befestigung. Deshalb leitete man das Regenwasser, das vom Turmdach in die Traufe floß, in einen eisernen Behälter, den sogenannten »Waterstock«. Im Inneren gibt es mehrere Lagerräume, die einstige Vogtwohnung und die Turmschänke. Die »Beletage« im fünften Stock beherbergte früher die zehnköpfige Wachmannschaft. Heute sind hier einige Gästezimmer des Hamburger Senats.

Eine richtige Laterne setzte man dem Turm erst 1814 auf die Dachpyramide. Vorher gab es eine einfache Kohlenblüse. Das derzeitige Leuchtfeuer ist bereits aus 33 Kilometern Entfernung zu sehen.

Der »Friedhof der Namenlosen«

Nur wenige Meter von der Stelle entfernt, wo der Wattenweg nach Sahlenburg und Duhnen beginnt, liegt mitten auf dem grünen Acker ein kleiner Friedhof. Einige schlichte Holzkreuze, bis auf eines alle ohne Inschrift, gruppieren sich um einen Gedenkstein, an dem auf einer Tafel Gustav Falkes anrührende Worte zu lesen sind:

Heimatlos! wie weh das klingt,
Namenlos ins Grab gesenkt,
Das kein Mutterarm umschlingt,
Dem kein Bruder Blumen schenkt.

Ach, im Wind, der diesen Stein,
Diesen Hügelsand umweht,
Wird manch banges Klagen sein
Das euch weinend suchen geht.

Aber reiht sich himmlisch schön
Nächtens oben Licht an Licht,
Taut's wie Trost aus jenen Höh'n:
Heimatlose seid ihr nicht.

Wie gefährlich das Meer sein kann, wissen die Neuwerker aus Erfahrung. Es kam immer wieder einmal vor, daß ertrunkene Seeleute am Ufer ihrer kleinen Insel angetrieben wurden, Männer, deren Namen und Herkunft im Dunkeln blieben und für die man nicht mehr tun konnte, als ihre Leichen hier beizusetzen. Daß so etwas nicht gerade selten passierte, beweist die frühere Vorschrift für die Neuwerker Vögte, stets für diesen Fall einen fertig gezimmerten Sarg auf Lager zu halten. Die Anzahl der Kreuze entspricht übrigens bei weitem nicht der tatsächlichen Zahl derer, die auf dem »Friedhof der Namenlosen« ihre letzte Ruhe fanden. Der Friedhof existiert bereits seit 1319 – diese Zahl trägt auch das große Holzkreuz über dem

Der Friedhof der Namenlosen

Gedenkstein – und wurde anfangs von den Insulanern selbst als Begräbnisplatz genutzt.
Seit den 20er Jahren finden hier keine Beerdigungen mehr statt, was aber nicht bedeutet, daß seitdem niemand vor Neuwerk ertrunken ist. Doch heute überführt man Verunglückte auf das Festland.

Neuwerk erreichen:

Wattwagen ab Duhnen oder Sahlenburg
(ca. 1 Std. 15 Min ab Duhnen bzw. ca. 50 Min. ab Sahlenburg)

Zu Fuß ab Sahlenburg (ca. 3 Std., nur mit Führer!)

Fährschiff (Abfahrt Innenkante Alte Liebe, Fahrtzeit ca. 1,5 Std.), Reederei Cassen Eils, Bei der Alten Liebe 12, Tel. 04721/32211 od. 35082, Fax 04721/04721/31161.

Falls man die Hinfahrt per Fähre, die Rückfahrt mit dem Wattwagen unternehmen will, empfiehlt sich eine Reservierung bei einem der Neuwerker Wattwagenunternehmen:
Klaus Fischer (04721/29161); Uwe Fischer (04721/28770); Claus Fock (04721/29043)
Volker Griebel (04721/29076).

Zimmernachweis für Neuwerk
über Kurverwaltung Cuxhaven, Tel. 04721/4040.

Scharhörn – Insel auf Abruf

Als Schiffsfriedhof ist das Sandriff nordwestlich Neuwerks seit dem 13. Jahrhundert berüchtigt. Erst im 20. Jahrhundert entdeckte man es auch als Vogelparadies und stellte es 1939 unter Naturschutz. Ausgerechnet hier plante Hamburg in den 60er und 70er Jahren den Bau eines Tiefwasserhafens nebst Schlickdeponie. Jahrelang drohte das Projekt Realität zu werden, bis man es schließlich glücklicherweise endgültig zu den Akten legte. Stattdessen entstand 1990 hier der dritte deutsche Wattenmeer-Nationalpark mit einer Fläche von rund zwölf Quadratkilometern Watt um Neuwerk und Scharhörn.

Zwar gibt es auf Scharhörn eine auf Stelzen gebaute Hütte, die jedoch nur im Sommer von einem Vogelwart des »Jordsand«-Vereins genutzt wird. Scharhörn kann also als eine der letzten unbefestigten und unbewohnten Inseln an der deutschen Nordseeküste gelten. Die Idylle ist befristet: Bis zu zehn Meter legt die Insel jährlich durch Sandumlagerungen Richtung Südost zurück. Dieses Tempo reicht leider nicht aus. Denn die Sandbank, die den Untergrund Scharhörns bildet, »rast« mit 14 Meter per anno über den Meeresgrund – der Insel zieht es die Füße weg. Sie liegt bereits am nordöstlichen Rand der Sandbank, Brandung und Strömung der nähergerückten Elbrinne ausgesetzt. Da aus Naturschutzgründen eine Befestigung nicht sinnvoll erscheint und technisch auch nur schwer durchführbar wäre, ist das Schicksal Scharhörns besiegelt.
Bis zum völligen Untergang der Insel wird es allerdings noch dauern. Von Neuwerk aus ist Scharhörn ein Ziel für Wattwanderungen (nur geführt!), die an bestimmten Tagen auch in Verbindung mit der Fährschiffpassage Cuxhaven/Neuwerk/Cuxhaven gebucht werden können (Informationen Tel. 04721/32211 od. 35082, Reederei Cassen Eils). Das Betreten der Insel selbst ist verboten, jedoch empfängt der Vogelwart Besucher am Ufer und erzählt gern etwas über seine Arbeit im Naturschutzgebiet.

Nigehörn – Insel von Menschenhand

Seeschwalben, Möwen und viele weitere Vogelarten brüten auf Scharhörn. Um den drohenden Verlust der alten Nistplätze auszugleichen, entschloß man sich zur Anlage einer Ersatzinsel – ein einmaliges Projekt an der deutschen Nordseeküste.
Man entschied sich für eine hochgelegene, strömungsarme Stelle im Watt südlich von Scharhörn. Im Juni 1989 begannen die Aufspülarbeiten. Innerhalb von fünf Wochen pumpte ein Saugbagger 1,2 Millionen Kubikmeter Sand aus einem Seitenpriel des Elbe-Neuwerk-Fahrwassers durch eine 2,5 Kilometer lange Rohrleitung auf den Ort der Wahl. Auf den Sandhaufen setzte man Sandfangzäune aus trockenem Buschwerk, im Kreis um das neue Ufer herum und in drei gebogenen Streifen über die Mitte hinweg, um die natürliche Dünenbildung zu beschleunigen.
Das kreisrunde »Nigehörn« hat einen Durchmesser von ca. 450 Metern und ist längst kein bloßer Sandhaufen mehr. Die Bepflanzung mit Raps, Rettich, Gräsern, Strandhafer und anderen Gewächsen verlief erfolgreich. Einige schwere Sturmfluten überstand die Neuschöpfung bereits unbeschadet. Und die Vögel, deren Wohlbefinden letztlich Zweck des Experiments ist, spielten auch mit: Die ersten Brutpaare kamen unmittelbar nach Abschluß der Aufspülarbeiten.

Landschaft zwischen Himmel und Meer – das Watt

Das kann dem unkundigen Binnenländer beim ersten Besuch der Nordseeküste schon mal passieren: Mit dem Schwimmzeug bereits am Körper und der Vorfreude auf ein kühles Bad im Herzen den Deich erklimmen, das Meeresrauschen schon im Ohr – um dann auf der Deichkrone regungslos zu verharren angesichts einer sich kilometerweit erstreckenden grau-braunen Fläche aus Sand und Schlick.

Dabei ist eine Wattwanderung nicht weniger erholsam als ein Bad und interessant obendrein. Denn was von weitem wie Ödland aussieht, ist ein dichtbesiedelter Lebensraum. Einsam ist man hier garantiert nicht: Pro Quadratmeter Wattboden zählten Wissenschaftler bis zu 40.000 Schlickkrebse, 270.000 Wattschnecken oder 10.000 Pfeffermuscheln. Für diese und andere Kleinlebewesen bietet das Watt mit seiner zweimal täglich tidenbedingten Frischwasserspülung ein ideales Umfeld. Pflanzen und Kleinlebewesen machen wiederum aus dem Watt ein Paradies für viele Vogel- und Fischarten. Nicht wenige davon können überhaupt nur in diesem komplexen Gebiet, zu dem auch Priele, Dünen, Strand und Salzwiesen gehören, überleben.

Die Erklärung des Wattenraums zum Nationalpark ist also durchaus sinnvoll. Naturschutz kann natürlich nur funktionieren, wenn sich alle daran halten. Für die Ruhezonen gilt generelles Betretungsverbot, ausgenommen sind speziell ausgewiesene Wege und Flächen. Sportschiffer werden gebeten, in diesem Gebiet ihr Boot nicht trockenfallen zu lassen, um die nächste Flut abzuwarten. Um die hier lebenden Tiere nicht zu beunruhigen, dürfen sie weder aufgesucht noch gefilmt oder fotografiert werden.

Als Zwischenzone gilt das Deichvorland zwischen der Hochwasserlinie und dem Deichfuß. Sie darf während der Brutzeit (1. April bis 31. Juli) ebenfalls nur auf gekennzeichneten Wegen betreten werden.

Die zugelassenen Wege in beiden Zonen sind durch farbige Pfähle markiert:

Grün = Wanderweg,
Rot = Reitweg.

Empfehlenswert ist es, auch auf den markierten Wegen Vogelansammlungen nicht näher zu kommen als 500 Meter. Derselbe Sicherheitsabstand gilt für Seehunde.

Wattwandern macht Spaß. Die gute Luft, die interessanten Tiere, der fußfreundliche Boden – gerade an strahlenden Sommertagen vergißt man leicht die Gefahren, die einen allzu sorglosen Wanderer hier bedrohen. Ein paar Dinge sollte man bei einer Tour im Watt schon beachten:

- Bei jähen Wetterumschwüngen gilt es, schnellstens an Land zu gelangen. Im Gewitter ist das Risiko eines Blitzschlags für einen im flachen Watt stehenden Menschen nicht unerheblich. Und Nebel bedeutet das Ende jeglicher Orientierung. Hilfreich ist eventuell der Versuch, sich am Festland einen Orientierungspunkt zu suchen und zu merken, solange es noch möglich ist. Am sichersten ist es jedoch, wenn man sich von vornherein ausschließlich an die mit regelmäßig gesteckten Büscheln (Pricken) markierten Wege im Watt hält.

Wandern im Watt

- Bei am Signalmast aufgezogenem roten Ballon ist das Watt ebenfalls sofort zu verlassen.
- Auch wenn der weite Horizont lockt: Gehen Sie nicht allein. Im Fall der Fälle gibt es sonst niemanden, der Hilfe holen kann. Ein an einer Muschelschale verletzter Fuß kann schon Ursache dafür sein, daß eine sonst in kurzer Zeit problemlos bewältigte Entfernung eben nicht in kurzer Zeit bewältigt wird. Nichts ist unmöglich, und sicher ist nur eins: Die Flut kommt garantiert pünktlich.
- Wird man trotz allem vom auflaufenden Wasser überrascht, gilt es die Nerven zu bewahren. Meiden Sie die Nähe von Prielen, auch wenn das einen Umweg bedeuten sollte. Die Priele laufen zuerst voll, Tiefe und Strömung sind schwer einzuschätzen. Halten Sie Ausschau nach einer Rettungsbake (stählerner Korb auf einem langen Rohr; steht u.a. auf halbem Weg zwischen Neuwerk und Sahlenburg). Auf der Plattform befinden sich Signalraketen, mit denen Sie sich bemerkbar machen können.

Die Niedrigwasser-Zeiten sind Tidenkalendern oder Informationsblättern (bei den Verkehrsvereinen erhältlich) zu entnehmen. Die beste – weil risikoloseste – Zeit für eine Wattwanderung beginnt jeweils zweieinhalb Stunden vor Niedrigwasser und endet bei

Niedrigwasser. **Achtung:** Ein nicht selten begangener Irrtum ist es, die Wanderung bei Niedrigwasser zu beginnen, zu dem Zeitpunkt also, da die Ebbe ihren niedrigsten Stand erreicht hat. Schon unmittelbar danach setzt die Flut ein. Wer bei Niedrigwasser eine Wattwanderung startet, läuft der Flut entgegen!
Keine Sicherheitssorgen braucht sich der Gast zu machen, der sich einer der zahlreichen geführten Wattwanderungen anschließt. Die Auswahl ist groß: naturkundliche Führungen, für Kinder besonders reizvolle Wattwanderungen mit Muschelsuche oder sportliche Zehn-Kilometer-Wanderungen bis zur Wattkante. Zwischen Juni und September wird sogar ein dreieinhalbstündiger »Watt-Survival-Kurs« mit Absolventen-Zertifikat angeboten (Mindestalter: 16 Jahre), dessen Teilnehmer nach Kompaß laufen, wandern und schwimmen.

Informationen zum Nationalpark Wattenmeer:

Nationalpark-Zentrum Cuxhaven-Sahlenburg (siehe auch »Sahlenburg«), Hans-Claußen-Straße 19, Tel. 04721/28681.

Informationen zu Wattführungen und Wattwanderzeiten:
Verkehrsvereine (siehe auch »Adressen«) oder Kurverwaltung
Cuxhaven, Cuxhavener Straße 92, Tel. 04721/4040.

Gruppenführungen: Horst Grimm, Hermann-Boßdorf-Straße 5, 27474 Cuxhaven, Tel. 04721/36305.

Ebbe und Flut

Die Gezeiten unterliegen dem Einfluß des Mondes auf die Weltmeere. Die Anziehungskraft des Mondes bewirkt auf der ihm zugewandten Erdseite einen Flutberg, dem ein durch Rotationskraft verursachtes Pendant auf der entgegengesetzten Erdhälfte gegenübersteht. Zwischen den beiden Flutbergen bilden sich zwei Ebbetäler aus. Dem Mond folgend wandern Flut und Ebbe um die Erdkugel und wiederholen sich in der Zeit eines halben Mondumlaufs – exakt alle 12 Stunden, 25 Minuten und 14 Sekunden.

Die Konstellation der Sonne zu Erde und Mond beeinflußt die Höhe der Tide. Liegen bei Neu- und Vollmond Erde, Sonne und Mond auf einer Achse, addieren sich ihre Anziehungskräfte. Die Folge ist eine Springtide mit höherem Hochwasser und niedrigerem Niedrigwasser. Stehen Erde, Sonne und Mond dagegen rechtwinklig zueinander, wie es bei Halbmond der Fall ist, heben sich die Anziehungs- und Fliehkräfte teilweise auf. Es kommt zu einer sogenannten Nipptide, bei der das Hochwasser niedriger als normal ausfällt und das Niedrigwasser weniger stark zurückweicht. Als Mitteltide bezeichnet man den Wert zwischen diesen beiden Extremen.

Erreicht der Flutberg des Atlantischen Ozeans die Nordsee, rollt er als Welle auf die Küste zu. Durch den Aufstau vor der Küste erhöht sich noch die Differenz zwischen Flutberg und Ebbetal. Diese Differenz, Tidenhub genannt, beträgt vor Cuxhaven im Mittel 2,90 Meter.

Nicht nur die Planetenkonstellation beeinflußt den Tidenhub, auch das Wetter spielt eine gewichtige Rolle. Starke ablandige Winde treiben ablaufendes Wasser weiter hinaus und hindern die Flut am schnellen Auflaufen, das Watt bleibt länger trocken. Bei kräftigem Seewind passiert das Gegenteil: Das Wasser läuft bei Ebbe nicht so weit ab – unter Umständen kann so eine Konstellation eine geplante Wattwagenfahrt oder -wanderung zunichte machen.

Dramatisch wird es, wenn sich die Kräfte von Flutwelle und dauerhaft orkanstarkem Seewind vereinen. Dann beginnt das große Kräftemessen zwischen Sturmflut und Deichen.

Strandleben

Über zehn Kilometer Badestrand hat Cuxhaven. Für viele Besucher spielt sich auf diesen zehn Kilometern der wesentlichste Teil ihres Urlaubs ab. Abwechslung wird reichlich geboten – schließlich ändert sich allein schon mit dem steten Wechsel von Ebbe und Flut das Strandpanorama.

Die zehn Kilometer Badestrand sind auf fünf Gebiete verteilt: Altenbruch (Grünstrand), Grimmershörnbucht (Grünstrand), Döse (Sandstrand), Duhnen (Sandstrand) und Sahlenburg (Sand- und Grünstrand). Die Wasserqualität unterliegt in allen Bereichen regelmäßiger Prüfung. Die Gewässer vor den Cuxhavener Stränden gelten als sehr sauber, was auch an dem permanenten tidenbedingten Wasseraustausch und der Filterfunktion des Watts liegt.

Die bepflanzten Küstendünen hinter den Sandstränden gehören übrigens nicht zu dem Bereich, der für das Badeleben genutzt werden kann. Die Dünen sind Teil des Küstenschutzes.

Strand-Expreß

Wer vielleicht einmal kurzfristig den Strand wechseln oder sich einen Überblick verschaffen will, kann in den »Jan-Cux-Expreß« oder in die »Cuxi-Bahn« steigen. Es sind

kleine Karren mit angehängten Wägelchen im Eisenbahn-Design, die an der Strandlinie zwischen Duhnen und der Alten Liebe verkehren.

Für den Abschnitt FKK-Strand/Duhnen bis zur Kugelbake ist der »Jan-Cux-Expreß« zuständig, ab der Kugelbake übernimmt die »Cuxi-Bahn« die Strecke über Grimmershörn, Yacht- und Fährhafen bis zur Alten Liebe. Tickets für die Gesamt- oder eine Teilstrecke verkauft der Fahrer. Fahrpläne hängen an den Haltestellen und sind auch in der bei der Kurverwaltung erhältlichen Broschüre »Cux-Tips« enthalten.

Beach-Volleyball

Fast wie an der Copacabana: Sonne, feiner Sand und Wasser zum Abkühlen gleich nebenan – so macht Volleyball besonders Spaß. Beach-Volleyball, die Strandvariante dieser Sportart, hat in den letzten Jahren zunehmend mehr Anhänger gefunden. Leider ist, besonders im Hochsommer, nicht an jedem Strand der Platz so großzügig bemessen, daß ein Spiel ohne vehementen Eingriff in die Strandidylle anderer Gäste durchzuführen ist. In Duhnen sind daher vom 1. Juni bis Ende August auf der Strecke zwischen dem Freibad Steinmarne und dem Haus der Kurverwaltung drei Spielfelder zur freien Benutzung fest installiert. Jeweils Ende Juni findet hier ein Beach-Volleyball-Turnier statt, bei dem echte Könner die hohe Schule dieses Sports demonstrieren.

Drachen steigen lassen

Einen Drachen steigen lassen – das geht nirgendwo besser als direkt an der Küste, wo eine stete Brise den oft phantasievoll gestalteten Flugobjekten den nötigen Aufwind garantiert. Mit Lenkdrachen lassen sich hier die tollsten Manöver ausprobieren. Leider hat sich dieses Vergnügen als nicht ganz ungefährlich erwiesen. Unfälle, verursacht durch unsachgemäß gebaute oder außer Kontrolle geratene Drachen, haben dazu geführt, daß dieser Sport in Cuxhaven während der Zeit vom 1. März bis zum 31. Oktober nur an bestimmten Stränden gestattet ist, nämlich:

Kurteil Altenbruch – Bereich des »Hundestrandes«,
Kurteil Döse – Wiese Freibad Steinmarne/Strandgaststätte Behrens,
Kurteil Duhnen – Bereich »Surferstrand Steinmarne«,
Kurteil Grimmershörn – Wiese zwischen der Alten Liebe und Seglerhafen,
Kurteil Sahlenburg – Wiese neben der Zufahrt zum »Hundestrand« am Marineturm.

Auch außerhalb der Sperrzeit wird selbstverständlich um Rücksichtnahme gegenüber Menschen und Tieren gebeten.

Für die Drachenfreunde hat die Ausweisung fester Plätze ebenfalls Vorteile, trifft man hier doch immer jemanden zum Fachsimpeln.

Drachen-Saisonhöhepunkt ist natürlich das bereits erwähnte Internationale Drachenfestival in Altenbruch im August (siehe auch »Altenbruch«).

Internationales Drachenfest in Cuxhaven

Windsurfen

Cuxhavens Küste zählt nicht zu den klassischen Windsurf-Revieren. Trotzdem ist Windsurfen möglich. Das Gebiet am Sahlenburger Strand (großer Parkplatz ist vorhanden) eignet sich durchaus auch für Anfänger. Als etwas weniger ideales, aber ebenfalls geeignetes Ausweichrevier gilt der Strand vor dem Freibad Steinmarne.
Andere Gebiete sind nicht zu empfehlen. Vor allem vor dem Befahren der Grimmershörnbucht muß gewarnt werden. Die hier vorhandene starke Strömung zieht Surfer und Brett derart unwiderstehlich in Richtung offenes Meer, daß die Rückkehr zum Ufer aus eigener Kraft oft unmöglich ist.

Strandgymnastik

Wesentlich risikoloser und trotzdem sportlich-gesund ist die Teilnahme an der Strandgymnastik. Zwischen Juni und September wird in den Kurteilen Döse, Duhnen, Grimmershörn und Sahlenburg am Vormittag eines jeden Werktages ein Fitneßprogramm kostenlos angeboten. Zeiten und Orte der Veranstaltungen sind den »Cux-Tips« zu entnehmen (erhältlich bei der Kurverwaltung).

Blick von Duhnen und Cuxhaven in die Elbmündung

Mit Kindern am Strand

Wasser, Watt und Strand sind für Kinder – und nicht nur für sie – große Attraktionen. Während die Eltern dösend die Ruhe im Strandkorb genießen, buddeln sich die Kleinen durch den Sand, ziehen muschelsuchend durchs Watt oder schließen Freundschaft mit Altersgenossen. Da kann sie der Spieleifer schon einmal so weit von der elterlichen Basis fortreißen, daß der Rückweg zum Problem wird – Strandkörbe sehen schließlich alle gleich hübsch gelb aus.

Um derartigen Familiendramen vorzubeugen, hat man den Sandstrand der Cuxhavener Kurgebiete in numerierte und mit bunten Symbolen versehene Abschnitte gegliedert. Selbst kleine Kinder können sich diese Symbole gut merken und so ins »Nest« zurückfinden. Um ganz sicherzugehen, kann man in den Schwimmeisterstationen kostenlos Erkennungsarmbändchen für Kleinkinder bekommen, welche die Suche nach den vermißten Eltern erleichtern helfen. Hier sollte auch Meldung erstattet werden, falls doch einmal ein Kind abhanden kommt.

In vielen Kurteilen werden im Sommer vormittags pädagogisch betreute Kinderprogramme durchgeführt, die man an Schlechtwettertagen in geeignete Räumlichkeiten verlegt. Inhalte, Termine und Veranstaltungsorte sind in den »Cux-Tips« angegeben (erhältlich bei der Kurverwaltung).

Spielplätze in Strandnähe:

Altenbruch/Deich, Döse/Kurpark, Duhnen/Schwimmeisterstation, Sahlenburg/Wernerwald.

Wickelräume

DRK-Station im Strandhaus Döse, Öffentliches WC im Haus der Kurverwaltung (Duhnen), Öffentliches WC am Dünenweg (Duhnen), Öffentliches WC am Marineturm (Sahlenburg).

Hundestrände

Die Cuxhavener Strände sind bemerkenswert sauber. Damit dieser Zustand nicht »vor die Hunde geht«, wurden spezielle Hundestrände ausgewiesen:

Kurteil Altenbruch – beim Bojenbad östlich der Schwimmeisterstation,
Kurteil Grimmershörn – zwischen Fährhafen und Alter Liebe,
Kurteil Sahlenburg – Großparkplatz am Marineturm.

Alle anderen Strände sind für Hunde »off limit«. Lediglich auf der Strecke zwischen Fährhafen und Kugelbake dürfen sie Ihre Besitzer angeleint begleiten, die jedoch darum gebeten werden, eventuell abgesetzte »Tretminen« zu entfernen.

Mehr Meer – Segeln vor Cuxhaven

Sportsegeln hat vor Cuxhaven Tradition. Schon weit vor dem Ersten Weltkrieg gab es die »Kaiser-Regatten«, an denen der Kaiser selbst teilzunehmen pflegte. Doch auch wenn die Begeisterung für diese Regatten groß war – als Breitensport galt das Segeln in Cuxhaven lange Zeit nicht. Zum einen hielt man die hiesigen Gewässer für zu gefährlich, um auch noch bloß zum Vergnügen mit irgendwelchen »Nußschalen« darauf herumzusegeln, zum anderen fehlte den meisten Leuten das nötige Geld, um überhaupt eine nordseetaugliche Schiffsgröße zu finanzieren.
Erst in den Jahren zwischen den Weltkriegen kam es zur Gründung eines Cuxhavener Segelvereins, und heute gehört die Ansicht bunter Segel während der Saison fest zum Hafenbild.
Zur Popularität der Stadt hat unter Seglern sicher auch der Umstand beigetragen, daß hier der Verein »Trans Ocean« seinen Sitz hat, eine Vereinigung zur Förderung des Hochseesegelns. Wer eine Langstrecke oder gar eine Weltumsegelung plant, kann über »Trans Ocean« Informationen und Tips einholen. Schon viele Weltumsegler wählten Cuxhaven als geeigneten Start- und Zielhafen ihrer großen Tour, darunter so prominente Vertreter ihrer Zunft wie Wilfried Erdmann oder Rollo Gebhard.
Trotz der vielen Boote, die hier segeln: Es ist kein leichtes Revier, und Anfänger seien gewarnt. Die Strömungen im Bereich der Elbmündung sind nicht zu unterschätzen und ändern im Wechsel der Gezeiten ihre Richtung. Die Tatsache, daß man sich auf der meistbefahrenen Wasserstraße der Welt befindet, macht die Sache auch nicht einfacher. Wer hier zum ersten Mal segelt, sollte – selbst wenn er Erfahrung mitbringt – sich von Kennern des Reviers Tips geben lassen. In den Häfen findet sich immer jemand dazu bereit.

»Trans Ocean«, Verein zur Förderung des Hochseesegelns e.V., Postfach 728, 27476 Cuxhaven, Tel. 04721/51800.

Segelhäfen

Im kleinen Sportboothafen von Altenbruch sind Gäste sehr willkommen, natürlich ist bei einer Kapazität von 40 Liegeplätzen der Platz beschränkt. Der Hafen am Deich ist leicht zu finden: Man orientiert sich am Leuchtturm (weiß mit schwarzem Aufbau). Das Anlaufen ist allerdings nicht immer möglich, der Altenbrucher Hafen ist tideabhängig. Gefährlos können bei mittlerem Hochwasser Schiffe mit einem Tiefgang bis zwei Metern hier festmachen. Es lohnt sich – das Vereinslokal kann sich sehen lassen.
Die Einfahrt zum Yachthafen vor Grimmershörn liegt zwischen der Alten Liebe und der Seebäderbrücke. Das Anlaufen ist tideunabhängig und dank befeuerter Einfahrt und Anlegerbeleuchtung rund um die Uhr möglich, allerdings nicht ganzjährig erlaubt (nur vom 1. April bis zum 31. Oktober). 250 Liegeplätze sind vorhanden, die Mindestwassertiefe beträgt 2,50 Meter, in Teilbereichen 3,50 Meter. Zwischen 5000 und 6000 Gäste nutzen pro Jahr diesen schön gelegenen Hafen, der schon mehrmals mit der Blauen Umweltflagge ausgezeichnet wurde.

Segelhafen Altenbruch

Eigentümer: Altenbrucher Seesportverein e.V.
Auskünfte: Vereinslokal »Zur Schleuse«, Tel. 04722/449
Service: Sanitäre Anlagen, WC.

Yachthafen Grimmershörnbucht

Eigentümer: Segler-Vereinigung Cuxhaven e.V.
Auskünfte: Yachthafen, Tel. 04721/34111 (im Sommer)
oder 04723/3124 (Geschäftsstelle)
Service: Messe mit Restauration von 9.00-23.00 Uhr,
Sanitäre Anlagen, WC, Frischwasser- und Stromversorgung auf Schlängel.

Auf Schusters Rappen – Cuxhavener Wanderungen

Eine Wanderung ist nicht nur im Cuxhavener Watt ein Erlebnis. Marschwiesen, Deiche, Heide und Wälder bieten für Spaziergänge durch das ländliche Cuxhaven eine reizvolle Umgebung. Zur besseren Organisation eines Ausflugs wurden 13 Wanderwege unterschiedlicher Länge markiert. Da sie sich teilweise kreuzen, lassen sich aus ihnen noch weitere Touren kombinieren. Eine detaillierte Wanderkarte der Region ist in Buchhandlungen, an Kiosken oder bei den Verkehrsvereinen erhältlich (siehe auch »Adressen«).

1. Cux-Ringwanderweg

Markierung: oranger Fisch, Beschilderung
Streckenlänge: ca. 24 Kilometer
Route: Alte Liebe – Kurpark – Duhnen – Duhner Heide – Wernerwald – Brockeswald – Döser Wettern – Alte Liebe

Diese Tour ist eine ideale Möglichkeit, die an der Nordsee liegenden Kurteile Cuxhavens besser kennnenzulernen. Von der Alten Liebe aus führt der Weg am Grünstrand der Grimmershörnbucht entlang bis zur Kugelbake, dem Wahrzeichen der Stadt. Mit Blick auf das Meer (oder Watt, je nach den Gezeiten) passiert man auf dem Strandpromenadenweg das Döser Strandhaus und das Freibad Steinmarne und ist schon im Kurteil Duhnen mit seinem bunten Strandleben.

Hinter dem Meerwasser-Brandungs-Hallenbad verfolgt man den Dünenweg (als Orientierung gilt auch die Beschilderung nach Sahlenburg). Bald endet die Bebauung, der Wanderweg biegt nach links ab auf eine Anhöhe zu. Es sind der »Twellberg«, ein Steingrab aus der Altbronzezeit um etwa 1500 v.Chr., und ein altsächsischer Ringwall.

Am Scharmorweg geht es nach rechts über die Duhner Heide. Sie steht unter Naturschutz. Hier wächst die seltene Krähenbeerenheide und ihre Hochäcker sind eine 2000 Jahre alte Kulturlandschaft. Wesentlich jünger, aber nicht minder eindrucksvoll ist der Sahlenburger Wernerwald, der erst gegen Ende des 19. Jahrhunderts entstand.

Über die Sahlenburger Heide (Blütezeit: August) geht es zum nächsten Etappenziel, dem Brockeswald. Er markiert die Halbzeit der Wanderung.

Der Rückweg führt entlang des Ufers der Döser Wettern, die ihren Verlauf im Rücken der Stadt an Stickenbüttel vorbei durch eine malerische Wiesenlandschaft nimmt. Wer nicht auf der bereits in Gegenrichtung begangenen Strandpromenade und an der Grimmershörnbucht zurück zur Alten Liebe will, kann die Wanderung im Kurteil Döse beenden. Als Alternative bieten sich auch der Bus ab Steinmarner Straße, »Jan-Cux-Expreß« ab Strandhaus Döse oder »Cuxi-Bahn« ab Kugelbake an.

2. Küstenwanderweg

Markierung: weiße Möwe, Beschilderung
Streckenlänge: ca. zwölf Kilometer als Rundweg oder ca. 17 Kilometer als Streckenwanderung
Route: Duhnen – Sahlenburg/Strand – Arensch – Berensch – Spieka-Neufeld

Diese Tour führt über den Dünenweg aus Duhnen heraus. Bei der Abbiegung zum Twellberg geht man weiter geradeaus, am Landgewinnungsgebiet vorbei auf den Sahlenburger Strand zu. Vorbei an der Wasserseite des bis an die Küste reichenden Wernerwalds geht der Weg nach Arensch, einer kleinen Siedlung hinter dem Deich. Wer in einem kleinen Rundweg zum Ausgangspunkt zurückkehren will, wandert ab hier über den kreuzenden Weg 6 zurück nach Sahlenburg und über die Duhner Heide nach Duhnen. Die Strecke an der Küste geht allerdings noch weiter: Sie zweigt zwischen Arensch und Berensch auf der Höhe des Posterholungsheims nach rechts ab zum Deich. Dort geht es schnurgerade südwärts, vorbei an einem alten Grenzstein von 1589, der auf dem Strandwall vor dem Berenscher Außendeichgelände steht. Das Ziel ist erreicht am kleinen Krabbenkutter-Hafen von Spieka-Neufeld, das verwaltungsmäßig nicht mehr zu Cuxhaven gehört, sondern zu Nordholz. Nordholz liegt fünf Kilometer entfernt, von dort besteht Bahn- und Busverbindung nach Cuxhaven.

3. Deichwanderweg

Markierung: blaues Schiff, Beschilderung
Streckenlänge: ca. 14 Kilometer
Route: Groden – Altenbruch – Otterndorf

Ein Spaziergang mit maritimer und ornithologischer Aussicht, denn neben dem Schiffsverkehr auf der Elbe lassen sich auf diesem Gang auch besonders viele Vögel beobachten, deren Revier die Uferlandschaft ist.

Startplatz ist die Bahnschranke an der Grodener Chaussee. Nach wenigen Metern ostwärts verläßt man die B 73 nach links in den Wolfenbütteler Weg und erreicht nach ca. einem Kilometer den Deich. Nicht immer ist das gegenüberliegende Ufer zu sehen – die Elbe hat hier eine Breite von 15 Kilometern.

Über den Deichkronenweg geht es zum Altenbrucher Hafen. Wer nur einen kleinen Spaziergang im Sinn hat, kann von Altenbruch aus per Bus oder Bahn den Rückweg antreten. Ansonsten führt die Wanderung weiter den Deich entlang. Hinter dem kleinen Wehldorf betritt man das Gebiet der Samtgemeinde Hadeln und bald schon Otterndorf, die alte Hauptstadt des einstigen Landes Hadeln. Otterndorf hat eine über 600jährige Geschichte und besitzt einen wunderschön erhaltenen Stadtkern. Bevor man sich per Bahn oder Bus auf die Rückreise macht, sollte ein Stadtrundgang den Ausflug abschließen.

4. Wanderweg Döse – Holter Heide

Markierung: lila Halbkreis, Beschilderung
Streckenlänge: ca. sechs Kilometer
Route: Döse – Stickenbüttel – Holte-Spangen

Diese Tour steht über direkte oder indirekte Anschlüsse mit allen gekennzeichneten Wanderungen in Verbindung, sie eignet sich daher für die Kombination mit anderen

Otterndorf mit Blick auf die Elbe

Wegen. Aber auch als kleinerer Spaziergang ist sie attraktiv.
Der Weg beginnt an der Steinmarner Straße in Döse und führt am Fort Thomsen vorbei, das zwischen 1905 und 1908 im Zuge des Ausbaus Cuxhavens zur Seefestung gebaut wurde. Entlang der Döser Wettern erreicht man über Stickenbüttel den Brockeswald. Weiter geht es durch die Wiesen zur Holter Heide. Busrückfahrt ab Drangstweg möglich.

5. Ringwanderweg Wernerwald

Markierung: blaues Dreieck, Beschilderung
Streckenlänge: ca. acht Kilometer
Route: Sahlenburg/Wernerwald

Ein Gang für alle, die diesen an der deutschen Nordseeküste einmaligen Wald etwas besser kennenlernen wollen. Man startet in der Straße Am Lohmsmoor an der nordöstlichen Ecke des Waldes. Sie geht von der Nordheimstraße ab, durch die mehrere Buslinien führen.
Der Wernerwald verfügt über einen abwechslungsreichen Baumbestand und ist die Heimat vieler Tiere. Viele der hier anzutreffenden Spezies stehen unter Naturschutz wie etwa die Rote Waldameise, an deren Riesenhügeln der Weg vorbeiführt.
Am seewärts gelegenen Waldrand wartet dann das einzigartige Erlebnis eines Waldspaziergangs mit Blick auf Neuwerk, bis der Weg wieder zwischen den Bäumen verschwindet und der nächste Höhepunkt zu erkennen ist: das Finkenmoor, ein kleiner See, der als Vogel- und Libellenparadies gilt.
Auf dem großen Spielplatz unweit des Campingplatzes können sich Kinder richtig austoben, bevor man sich zum Ausgangspunkt oder zur Bushaltestelle an der Wernerwaldstraße begibt.

6. Wanderweg Sahlenburg – Berensch

Markierung: roter Kreis, Beschilderung
Streckenlänge: ca. sechs Kilometer
Route: Sahlenburg – Arensch – Berensch

Auch diese Tour läßt sich gut kombinieren, zum Beispiel mit dem Küstenwanderweg (Nr. 2). Wie der Ringwanderweg Wernerwald, zu dem sie während der ersten 2,5 Kilometer parallel verläuft, beginnt sie an der Ecke Nordheimstraße/Am Lohmsmoor in Sahlenburg. Am südlichen Waldrand zweigt die Strecke ab nach Arensch, wo der Küstenwanderweg kreuzt. Geht man weiter nach Berensch, kann man von dort den Rückweg per Bus antreten oder noch einen Gang in die östlich des Dorfes gelegene Berenscher Heide unternehmen.

7. Wanderweg Sahlenburg – Holte-Spangen

Markierung: gelbes Quadrat, Beschilderung
Streckenlänge: ca. 3,5 Kilometer
Route: Sahlenburg – Holte-Spangen

Auch dieser kurze Weg beginnt Ecke Nordheimstraße/Am Lohmsmoor, führt aber nur ein kurzes Stück durch den Wernerwald. Über die Sahlenburger Heide und durch das naturgeschützte Steertmoor erreicht man das Dorf Holte-Spangen, das Busanschluß besitzt. Wer gerade erst warm geworden ist, kann die Tour um den folgenden Weg verlängern:

Begegnungen am Deich

8. Holter Ringwanderweg

Markierung: weißes Rechteck, Beschilderung
Streckenlänge: ca. vier Kilometer
Route: Holte-Spangen

Nach dem Start an der Richtung Berensch aus dem Ort führenden Straße gelangt man zum Fuchsbusch, einen durch die Kraft des steten Küstenwindes gedrungen gewachsenen Eichenkrattwald von merkwürdigem Aussehen. Das geheimnisvolle Bild wird noch durch das den Wald lianengleich überwuchernde Wald-Geißblatt ergänzt. Weiter geht der Rundweg über die Holter Heide, über die sich vor Erreichen des Ausgangspunktes an der Holter Sandgrube ein weitreichender Rundblick bietet.

9. Wanderweg Holte-Spangen – Altenwalde

Markierung: aufrecht stehendes, oranges Rechteck und Beschilderung
Streckenlänge: ca. drei Kilometer
Route: Holte-Spangen – Höltjer Höhe – Altenwalde

An der Holter Sandgrube beginnt der Weg und führt sofort – im wahrsten Sinne des Wortes – zu einem echten Höhepunkt: der Höltjer Höhe. Sie ist 29 Meter hoch, ein in ansonsten flacher Landschaft schon recht stattlicher Berg. Hier steht auch der Funkmast von »Elbe-Weser-Radio«, der für den Schiffsfunk auf Elbe, Weser und Nordsee bis nach Helgoland

zuständig ist. Der Ausblick reicht über Heide, Marsch und Wernerwald bis zum Meer. Über die Altenwalder Heide geht es zum Altenwalder Forst. Hier, nordwestlich von Altenwalde, liegen auf der Altenwalder Höhe die Erdwälle einer alten Burganlage. Sie geht zurück auf Karl den Großen (747-814), der sie zur Sicherung seiner nördlichsten Reichsgebiete anlegte. Sie diente auch als Schutz gegen die Wikingerüberfälle des 8., 9. und 10. Jahrhunderts. Zu erkennen ist ebenfalls der Rest eines 1,5 Kilometer langen Walles, der vermutlich eine Zufahrt war. Im 13. und 14. Jahrhundert gab es in Altenwalde, das damals noch Wolde hieß, sogar ein Kloster.
Von Altenwalde aus führen mehrere Buslinien und die Bahn in andere Kurteile.

10. Wanderweg Berensch – Nordholz

Markierung: grüne Tanne, Beschilderung
Streckenlänge: ca. sechs Kilometer
Route: Berensch – Oxstedter Bach – Nordholz

Von Berensch aus verläuft dieser Weg durch Geest- und Heidelandschaft vorbei am Fuchsberg, auf dem sich mehrere Hügelgräber befinden. Hinter dem Landmarschengraben liegt zur Linken der 18-Loch-Golfplatz von Oxstedt. Bald darauf überquert man den Oxstedter Bach, dessen Verlauf an dieser Stelle die Cuxhavener Stadtgrenze markiert.
Am Nordholzer Ortsrand berührt der Weg ein kleines, für seinen Bestand an seltenem Stechginster berühmtes Naturschutzgebiet. Bevor die Rückreise beginnt (Bus oder Bahn ab Nordholz), sollte man noch einen Spaziergang im reizvollen Forst Nordholzer Tannen unternehmen. Hier gibt es eine Graureiher-Kolonie. Während der Brutzeit (März-September) darf das Gebiet der bis zu 90 cm großen Vögel allerdings nicht betreten werden.

11. Wattwanderweg nach Neuwerk

Markierung: Pricken (gesteckte Büsche)
Streckenlänge: ab Sahlenburg ca. zehn, ab Duhnen ca. zwölf Kilometer
Route: entlang der Pricken über das Watt

Ein Wanderweg, der selbstverständlich nur zur Ebbezeit beschritten werden kann. Auch dann ist der Gang nicht ohne Risiko. Es ist daher zu empfehlen, sich einer der zahlreichen geführten Wanderungen anzuschließen. **Achtung:** Während einer Ebbezeit ist der Weg nur in einer Richtung zu bewältigen, wer nicht unfreiwillig auf der Insel hängenbleiben will, muß vor der Wanderung die Rückfahrt organisieren – also entweder einen Platz auf der Fähre oder auf einem Wattwagen buchen (siehe auch »Landschaft zwischen Himmel und Meer – das Watt«).

Küste bei Berensch

12. Altenbrucher Marschenringwanderweg

Markierung: weiße Kirchtürme, Beschilderung
Streckenlänge: ca. 20 Kilometer
Route: Altenbruch – Lüdingworth – Assel – Seedeich – Altenbruch

Die Wanderung beginnt an den charakteristischen Doppeltürmen der Altenbrucher St.-Nicolai-Kirche. Entlang des Altenbrucher Kanals, der einstigen Wehdem, geht es nach Süden dem nächsten Kirchturm entgegen. Doch noch vor dem Ortskern Lüdingworths biegt der Wanderweg links ab in die Norderscheidung. Wer sich für Kirchen interessiert, sollte sich einen kleinen Abstecher leisten und vor dem Weg durch die Hadeler Marsch St. Jacobi in Lüdingworth besichtigen.

In der flachen, von Gräben durchzogenen Marschenlandschaft stehen die vereinzelt gelegenen, von Baumgruppen vor dem Wind geschützten Höfe gleichsam wie Inseln im Wattenmeer. Nach einem Schwenk nordwärts überquert man erneut die B 73. Jetzt befindet man sich auf dem Areal des Warningsackers, der historischer Boden ist: Hier, zwischen Altenbruch und Otterndorf, war bis ca. 1600 die Tagungsstätte der Hadeler Ständeversammlung, eines Gremiums, das über fast alle landespolitischen Entscheidungen befand.

Am Asselweg überquert man die Grenze zur Samtgemeinde Hadeln und gelangt über die Besenhalmer Trift zum Deich. Auf dem Weg elbabwärts sind landseits neben dem Deich einige Teiche zu sehen. Einige davon sind sogenannte »Wehle« (plattdeutsch: »Wehl« = Wasserloch). Diese heutigen Lebensräume seltener Wasserpflanzen und Amphibienarten sind die Überbleibsel früherer Deichbrüche. Nach ihnen ist auch das kleine Dörfchen Wehldorf benannt, die nächste Etappe der Wanderung.

Am Bojenbad Altenbruch ist der Rundweg fast beendet, die Rückfahrt kann per Bahn oder Bus angetreten werden.

13. Altenbrucher Braakenringwanderweg

Markierung: roter Leuchtturm, Beschilderung
Streckenlänge: ca. neun Kilometer
Route: Altenbruch – Wehldorf – Altenbruch

Ein nicht minder schöner Gang als Nr. 12 und guter Kompromiß für alle, denen die Tour über den Marschenringwanderweg zu lang ist. Ausgangsort ist ebenfalls die St.-Nicolai-Kirche in Altenbruch. Über den Marktplatz geht es zum Braakstrom, dessen Ufer der Weg zunächst begleitet. Auf der Höhe von Glameyers Hof überquert man das Gewässer. Bitte das Gatter wieder schließen! Der nächste Bach läßt nicht lange auf sich warten – es ist der Westerhofstrom, der ebenfalls überschritten wird.

In Wehldorf erreicht man den Seedeich, auf dem entlang man zwischen Elbe und Marsch nach Altenbruch zurückkehrt. Zur Ortsmitte kann man schon am Bojenbad abbiegen, es ist jedoch eine reizvolle Variante, noch das kurze Stück bis zur Schleuse zu gehen und dann am Altenbrucher Kanal durch die Wiesen in den Ort zurückzukehren.

Kurpark und Veranstaltungszentrum

Cuxhaven gesundheitshalber – die »Cux-Kur«

Als Seebad hat Cuxhaven seit Amtmann Abendroths Zeiten zu Beginn des 19. Jahrhunderts Tradition – Klima und Umgebung waren hier eben schon immer gesund. Viele Gäste verbinden deshalb ihren Aufenthalt mit einer offenen Badekur, was auch der Grund dafür ist, daß der Strom der Cuxhaven-Besucher selbst im Winter nie ganz abreißt.

Gesund ist vor allem die salz- und jodhaltige Seeluft, die annähernd unbelastet von Abgasen jeglicher Art und fast ständig von Wind bewegt ist. Das saubere Meerwasser und die durch die Weite des Horizonts intensiv nutzbare UV-Strahlung sind weitere gesundheitsfördernde Faktoren.

Hilfreich ist die »Cux-Kur« bei:

- Erkrankungen der Atemwege
  wie chronische Entzündungen von Nase, Rachen, Mandeln, Nasennebenhöhlen, Mittelohr, Kehlkopf, Luftröhre und Bronchien oder Allergien wie Heuschnupfen;

- Erkrankungen des Stütz- und Bewegungsapparats
  wie rheumatische und degenerative Erkrankungen von Gelenken, Muskeln und Bändern, Verspannungen, Haltungsschwächen, Bandscheibenschäden, Lähmungen, Bewegungsrehabilitation nach Gelenkoperationen;
- Hautkrankheiten
  wie Neurodermitis, Schuppenflechte, Akne oder anlagemäßig bedingte entzündliche Hautreaktion;
- gynäkologischen Beschwerden
  wie chronische Entzündungen, Verwachsungsbeschwerden, Menstruationsbeschwerden, Beschwerden während der Wechseljahre;
- Kreislaufstörungen
  wie Durchblutungsstörungen oder Beschwerden bei zu niedrigem Blutdruck;
- Rehabilitationsbedürftigkeit
  nach schweren Erkrankungen und/oder Operationen, bei Erschöpfungszuständen oder psychosomatischen Beschwerden.

Um eine sogenannte »offene«, also nicht mit einem Klinikaufenthalt verbundene Badekur vorzunehmen und den größten Teil der damit verbundenen Kosten von der Krankenkasse erstattet zu bekommen, muß die Notwendigkeit dieser Maßnahme von einem Arzt bestätigt werden. Nach der Verschreibung holt man die Genehmigung der Krankenkasse ein und bucht im Falle der Bestätigung selbstständig in freier Wahl eine Unterkunft am gewählten Kurort. Während die Kasse meist ca. 90% der Kur- und Behandlungskosten trägt, liegt der tägliche Zuschußbetrag für Reisespesen und Unterbringung lediglich bei 15 DM – ein wenig muß man also schon dazuzahlen.
Erst nach Buchung der Unterkunft (Vermittlung durch die Verkehrsvereine, siehe auch »Adressen«) erfolgt die Anreise. Die Kur selbst beginnt immer mit dem Besuch eines der zugelassenen Badeärzte. Um Wartezeiten vor Ort zu vermeiden, ist es günstig, schon einige Tage vor der Reise einen Termin zu vereinbaren (siehe auch »Adressen«).
Mit der badeärztlichen Verordnung begibt man sich zum Empfangssekretariat des Kurzentrums Duhnen, wo die Termine der diversen Anwendungen festgelegt werden – die »Cux-Kur« kann beginnen.

Helgoland – Fels in der Brandung

Deutschlands einzige Hochseeinsel liegt 60 Kilometer nordwestlich Cuxhavens und ist für die »Cuxland«-Besucher ein beliebtes Tagesausflugsziel. Bereits die Annäherung an das 50 Meter hoch aus dem Meer ragende und im Sonnenlicht rötlich schimmernde Felsmassiv ist spektakulär. Denn da die Anlegemöglichkeiten beschränkt sind und während der Saison bis zu sieben Seebäderschiffe täglich die Insel anlaufen, verlassen die Passagiere ihr Schiff bereits auf hoher See. Die »Börteboote«, robuste, offene Motorboote, verkörpern ein Stück Helgoländer Tradition. Das Börteboot bezieht Position längsseits des großen Seebäderschiffs, und der Inselbesuch beginnt mit einem je nach Seegang entsprechend mehr oder minder verzagten Hüpfer, sicher gestützt von der Armen kerniger Helgoländer Seebären.

Kurzgeschichte einer Insel

Noch vor weniger als 300 Jahren bildeten Düne und Felsen eine Einheit. Das einst sehr viel größere Helgoland hatte im Verlauf der Jahrhunderte durch die Kraft der Naturgewalten einen beträchtlichen Teil seiner Fläche bereits verloren. In der Silvesternacht 1720/21 zerstörte eine Sturmflut die schmal gewordene Inseltaille zwischen Fels und Düne endgültig, aus einer Insel wurden deren zwei. Daran allerdings waren die Insulaner nicht ganz unschuldig: Die passionierten Kaufleute hatten die überwiegend

Historische Ansicht von Helgoland

aus Muschelkalk bestehende Landbrücke jahrelang ausgebeutet, indem sie den Kalk als Baumaterial exportierten.

Auch politischen »Sturmtiefs« waren die Helgoländer immer wieder folgenreich ausgesetzt. Die Landeszugehörigkeit wechselte von Schleswig-Gottorp zu Dänemark, weiter zu England und schließlich zu Deutschland. Eine europäische Krise sorgte allerdings für eine besonderes Helgoländer Konjunkturhoch. Nachdem Napoleon 1806 für britische Erzeugnisse aller Art die Kontinentalsperre erhoben hatte, erschien am 5. September 1807 eine englische Flotte vor Helgoland und zwang den dänischen Kommandanten zur Übergabe der Insel. In den folgenden Jahren wurde der Felsen zum Hauptumschlagplatz englischer Waren. Von diesem »Klein-London« aus unternahmen die Insulaner, von Haus aus als Seefahrer ebenso talentiert wie als Kaufleute, ihre zahlreichen Schmuggelfahren zum Festland – vor allem nach Cuxhaven. Weder zuvor noch irgendwann später, so berichtet man sehnsüchtig bis heute auf der Insel, sei es den Helgoländern wirschaftlich so gut gegangen wie in jener goldenen »Franzosentid«.

Auch nach Napoleons Niederlage bleib Helgoland englisch. Ein neuer Wirtschaftszweig begann zu florieren: Bald nach Eröffnung des Cuxhavener Seebades warben ab 1826 auch die Helgoländer mit den gesundheitsfördernden Aspekten eines Inselurlaubs. Poetische Unterstützung leistete Heinrich Hoffmann von Fallersleben (1798-1874). Er dichtete im politischen Exil auf Helgoland 1841 nicht nur das »Deutschlandlied«, das später mit der Melodie von Joseph Haydn zur deutschen Nationalhymne wurde, sondern auch die lockenden Zeilen:

> Freunde, geht ins Seebad!
> Jedes Leid und Weh
> lindert und beschwichtigt,
> scheucht und heilt die See.

Teil des Deutschen Reiches wurde Helgoland erst am 10. August 1890. Die Freude darüber war im Reich durchaus nicht ungeteilt. Es gab viele Kritiker, die den Tausch wertvoller deutschen Hoheitsrechte in Ostafrika einschließlich der kompletten Insel Sansibar gegen einen obskuren Steinhaufen in der Nordsee als groben Unfug einschätzten. Den Helgoländern selbst lag vor allem daran, in Frieden ihren Geschäften nachgehen zu können. Die Frage der Landesherrschaft hatte da nicht unbedingt Priorität.

Die großen Krisen des 20. Jahrhunderts trafen die Insel dagegen hart. Mit Beginn des ersten Weltkrieges mußten die Bewohner ihre Heimat verlassen, 4000 Soldaten machten aus Helgoland eine Festung. Immerhin konnten die Insulaner nach dem Krieg ihre Häuser wieder in Besitz nehmen – leider nur vorübergehend.

Ab 1935 wurde die Insel erneut militärisch ausgebaut. Am 18. April 1945 bombardierten 1000 Flugzeuge Helgoland. Wieder wurden die Bewohner auf das Festland evakuiert, und diesmal verwehrte man ihnen die Rückkehr auch zu Friedenszeiten. Die Sieger des Zweiten Weltkrieges beschlossen die Sprengung aller militärischen Befestigungsanlagen auf der Insel. Da die Bunkersysteme bis weit ins Felsinnere reichten, kam diese Maßnahme einer endgültigen Zerstörung Helglolands gleich. Am 18. April 1947 detonierten 6700 Tonnen Sprengstoff in den Kasematten, doch trotz großer Schäden hielt die Insel stand. Bis in die 50er Jahre benutzten britische Militärflugzeuge den mittlerweile zum Politikum gewordenen

Die »Lange Anna«, das Wahrzeichen von Helgoland

Felsen als Übungsziel für Bombenabwürfe. Die Diskussion der Helgolandfrage avancierte zum Thema für die Weltpresse, nachdem im Dezember 1950 zwei Heidelberger Studenten die für Zivilpersonen gesperrte Insel in einer Nacht-und-Nebel-Aktion besetzt hatten. Schließlich wurde Helgoland 1952 an Deutschland zurückgegeben und verwaltungsmäßig nach Schleswig-Holstein, Landkreis Pinneberg, eingegliedert. Die etwa 1800 Insulaner kehrten zurück, der Wiederaufbau konnte beginnen.

Erlebnisreiches Helgoland

Wie ein Miniaturkontinent kann Helgoland mit Ebene und Gebirge aufwarten. Der besondere Clou: Unterland und Oberland sind durch einen Fahrstuhl miteinander verbunden. Wer die Gebühr dafür sparen will und Gesundheitsbewußtsein über Bequemlichkeit stellt, kann natürlich auch zu Fuß gehen. Gesund ist der Aufenthalt auf der Insel allemal. Es ist der staub- und pollenärmste Ort Deutschlands, ein Paradies für Allergiker – selbst auf der Zugspitze mißt man eine zehnfach höhere Staubpartikelkonzentration.

Insbesondere für die Tagesbesucher hat allerdings eine ganz andre Attraktion besonders hohen Stellenwert: Helgoland ist »Zollfreigebiet« und gehört nicht zum Bereich der Europäischen Gemeinschaft. Alkohol, Tabak, Parfum und viele andere Artikel sind hier teilweise deutlich günstiger zu haben als auf dem Festland. Die Zollbestimmungen bezüglich der genehmigten Ausfuhrmengen lassen sich in den Läden oder bereits auf dem Schiff während der Anreise erfragen.

Wer den Einkaufsbummel und den Spaziergang entlang der zerklüfteten Ränder des Felsens hinter sich hat, findet sowohl auf dem Ober-, als auch auf dem Unterland zahlreiche Möglichkeiten zur Einkehr. Helgoländer Hummer gilt auch unter Gourmets als Delikatesse.

Baden ist auf Helgoland ein besonderes Erlebnis. Man hat schließlich nicht nur einen Badestrand, sondern gleich eine ganze Badeinsel zur Verfügung – die 0,7 Quadratkilometer große Düne mit ihrer eindrucksvollen Naturlandschaft. Wer noch mehr sehen will, als sich dem Auge unmittelbar erschließt, kann naturkundliche Führungen nutzen, die auf der Düne, im Felswatt oder am Naturschutzgebiet Lummenfelsen durchgeführt werden.

Und wenn nach einem ereignisreichen Tag auf Helgoland das Börteboot wieder längsseits des Seebäderschiffes liegt, fällt der Hüpfer zurück an Bord schon sehr viel routinierter aus.

Mit der »Wappen von Hamburg« nach Helgoland

Helgoländer Info-ABC

Campingplatz auf der Düne
Tel. 04725/808 40

Fährschiffe Cuxhaven – Helgoland
Reederei Cassen Eils
27472 Cuxhaven, Bei der Alten Liebe 12, Tel. 04721/350 82, Fax 04721/311 61

Flugplatz Helgoland
Tel. 04725/311

Flugverbindung Cuxhaven – Helgoland
Atlas Air
Flughafen Nordholz, Tel. 04741/1047, Fax 04721/3157

Fremdenverkehrsverein

Büro Landungsbrücke, Tel. 04725/355

Inselfest

12. Juli. Einige illuminierte Seebäderschiffe laufen die Insel erst gegen 22.00 Uhr an, um Mitternacht endet die Party mit einem Riesenfeuerwerk.

Kurverwaltung Nordseeheilbad Helgoland

Postfach 720, 27498 Helgoland, Tel. 04725/808 60, Fax 04725/426

Segelhafen

329 Gastbootliegeplätze (Päckchen) im Südhafen, 100 Liegeplätze im Vorhafen (bei guter Witterung). Wassertiefe fünf bis acht Meter.
Kontakt: WSA Helgoland, Südhafen, 27498 Helgoland, Tel. 04725/504

Yachthafen von Helgoland

Bremerhaven

Nicht nur an regnerischen und bewölkten Tagen lohnt sich ein Ausflug in die Stadt Bremerhaven. Neben den guten Einkaufsmöglichkeiten bieten sich insbesondere die interessanten und vielbesuchten Museen und der Zoo am Meer für Besuche an.
(Ausführlichere Informationen zur Geschichte der Stadt und ihrer Umgebung enthält das aktuelle Reisehandbuch aus unserem Verlag: Bremerhaven und Umgebung. Ein illustriertes Reisehandbuch von Sigrid Kiedel, die folgenden 2 Kapitel sind dort entnommen.)

Das Deutsche Schiffahrtsmuseum

Das Deutsche Schiffahrtsmuseum ist mit ca. 300.000 Besuchern jährlich eines der meistbesuchten Museen Deutschlands und eine bedeutende Forschungsstätte zur Schiffahrtsgeschichte. Es besteht aus einem von dem bekannten Architekten Hans Scharoun entworfenen Haupthaus mit Schausammlungen, Sonderausstellungsraum, Verwaltung, Werkstätten, Bibliothek, Archiv und Vortragssaal, der Bootshalle und dem Freigelände mit dem Museumshafen.
Herzstück der Sammlung ist die Bremer Hansekogge aus dem Jahre 1380, deren Fund und Rekonstruktion einer der Anlässe für den Bau des Museums war. Inzwischen ist die Kogge aus ca. 2000 in der Weser geborgenen Originalteilen wieder zusammengebaut worden und liegt in einer konservierenden Polyäthylenglykollösung in einem eigens konstruierten Stahlbehälter. Diese Konservierungsmethode wird es ermöglichen, daß das Schiff in einigen Jahren wieder frei zu besichtigen ist, während man es jetzt nur durch Glasscheiben in seinem »Aquarium« betrachten kann. Die historischen Sammlungen bieten einen Überblick über die deutsche Schiffahrt von den Anfängen bis heute. Anhand von Modellen, Gemälden und anderen Ausstellungsstücken erhält der Besucher Einblicke in alle Aspekte der See- und Binnenschffahrt. Sonderabteilungen sind dem Wassersport, den Schiffahrtswegen und der Marine gewidmet. Eine Sektion des Flußraddampfers »Meissen«, ein Diorama von Alt-Bremerhaven, eine Werftschmiede aus dem 19. Jahrhundert, eine Passagierkabine der »Cap Polonio« und ein Modellbecken, an dem die Besucher selber Kapitän spielen dürfen, sind nur einige Beispiele dafür, was den Besuchern geboten wird. In der Bootshalle gibt es Torfkähne, Segel- und Rettungsboote und im Freigelände befinden sich so interessante Objekte wie ein Betonschiff, eine Feuerblüse, ein Van-Carrier, diverse Kräne oder ein Tragflügelboot.
Wer Schiffe nicht nur als Modelle sehen, sondern selbst erkunden will, kann im Sommer die Museumsschiffe besichtigen. Die Flotte besteht aus der Bark »Seute Deern«, in deren Innerem sich eine Gaststätte befindet, der nordischen Jacht »Grönland«, die 1868 auf Polarexpedition ging und heute noch das Museum auf internationalen Regatten vertritt, dem Feuerschiff »Elbe 3«, dem Walfangdampfer »Rau IX«, dem Bergungsschlepper »Seefalke«, dem Hafenschlepper »Helmut«, dem Schnellboot »Kranich« und der Hochseeyacht »Diva«, die 1985 den heißumkämpften Admirals Cup gewann.
Wer sich mit der Bremerhavener Schiffahrt und der allgemeinen Stadtgeschichte

Die »Hanse-Kogge«

befassen möchte, sollte einen Besuch des neuerbauten Morgenstern-Museums nicht versäumen, das in moderner Präsentation den Wandel der Lebens- und Arbeitswelt in der Stadt an der Wesermündung vor Augen führt.

Das Technikmuseum U-Boot Wilhelm Bauer

Dieses durch einen eigenen Förderverein unterhaltene schwimmende Museum ist, wie man an seiner häufigen Farbbeutelzierde erkennen kann, nicht bei allen Bremerhavenern beliebt. Es handelt sich um ein U-Boot des Typs XXI der ehemaligen deutschen Kriegsmarine. Dieser in den letzten Kriegsjahren entwickelte Typ ist insofern interessant, als er am Anfang der modernen U-Boot-Technologie stand. Es ist zur Besichtigung freigegeben und sehr viele Besucher informieren sich über das beeindruckende Innenleben eines U-Bootes, welches nicht erst seit dem bekannten Film »Das Boot« auf viele Menschen eine außergewöhnlich starke Faszination ausübt.

Zoo am Meer

Über 300.000 Besucher zählt auch der Zoo am Meer, der in nur wenigen Schritten vom Deutschen Schiffahrtsmuseum über den Deichweg erreichbar ist. Der **Zoo** wurde 1926

Bremerhaven
Bildmitte Museumshafen, links davon: Deutsches Schiffahrtsmuseum, links oberhalb (Leuchtturm): Zoo am Meer, links oben: Stromkaje des Container-Terminals, rechts: Columbus-Center, Stadtkern

auf einem 3500 qm großen Außendeichsgelände in Betrieb genommen und erfreut sich seitdem ungebrochener Popularität bei Bremerhavenern und Gästen. Der erste Zoo bestand aus einem imitierten Felsmassiv mit allerlei Grotten, was ihm den Spitznamen »Tiergrotten« einbrachte, der sich bis heute gehalten hat. Aus einer bunten Mischung verschiedenster Tiere auf engem Raum ist mittlerweile ein moderner Zoo mit neuem Konzept geworden. Man hat sich auf Tiere des europäischen Nordens und einheimische Tiere spezialisiert. Das Gesamtgelände umfaßt heute 6050 qm. Besonders beliebt bei den Besuchern sind die Eisbären, die Robben und die Pinguine. Interessant sind auch die Gehege für Biber und Fischotter sowie das Nachttierhaus. Das Aquarium ist in den letzten Jahren um einiges erweitert und umgestaltet worden und vermittelt viele interessante Eindrücke von der Tierwelt unter Wasser. Neben dem Schwerpunkt nordischer Fischarten gibt es auch zahlreiche mitunter sehr farbenprächtige Südsee-Fische. Inzwischen sind die Pläne für eine Gesamterweiterung des beliebten Zoos gereift, welcher sich in den nächten Jahren zur Weser hin ausdehnen wird.

Adressen in Bremerhaven

Tourismus-Föderungsgesellschaft Bremerhaven mbH

Verkehrsamt: Van-Ronzelen-Straße 2, 27568 Bremerhaven,
Tel.: 0471-42095, Fax 0471-46065,
Mo.-Fr., 8.00–16.30 Uhr

Verkehrsbüro im Stadtstudio, Obere Bürger 13 (Columbus-Center), Tel.: 0471-43000,
Mo.-Fr., 10.00–18.00 Uhr, Sa. 9.00–13.00 Uhr

Museen in Bremerhaven

Deutsches Schiffahrtsmuseum, Van-Ronzellen-Straße, Tel.: 0471-482070, Haupthaus, Koggehaus, Bootshalle, Freigelände, Di.-So. 10.00-18.00 Uhr, Führungen nach Anmeldung, Museumsschiffe vom 1. April-30. Sept.: Di.-So. 10.00-18.00 Uhr

U-Boot »Wilhelm Bauer«, Am Alten Hafen, Tel.: 0471-482070, April-Okt. tgl. 10.00-18.00 Uhr

Nordseemuseum, Am Handelshafen 12, Tel.: 0471-4831402,
Öffnungszeiten: 3. So. im Monat 14.00-18.00 Uhr; in den Sommerferien zusätzlich Sa. 14.00-18.00 Uhr, Schulklassen und Gruppen nach Voranmeldung: Mo.-Fr. 8.00-16.00 Uhr

Morgenstern-Museum, An der Geeste, Tel.: 0471-20138

Kunsthalle, Karlsburg 4, Tel.: 0471-46838, Di.-Fr. 15.00-18.00 Uhr, Sa.-So. 11.00-13.00 Uhr und nach Vereinbarung

Zoo am Meer mit Nordseeaquarium

Weserdeich, Tel.: 0471-590-2516, Öffnungszeiten: tgl. ab 8.00 Uhr.
Kassenschluß Mai-August 18.30 Uhr, Sept.-April 16.30 Uhr.

Bederkesa und Umgebung

Das **Moorheilbad Bederkesa** war und ist *das* Sonntagsausflugsziel der Cuxhavener. Der vielseitige Ferienort war seit 1896 in einer knapp einstündigen Fahrt per Dampf- und später Diesellok erreichbar. Heute muß man das Auto oder den Bus dorthin nehmen.

Seit der Kreisreform ist Bederkesa Sitz der gleichnamigen Samtgemeinde, zu der acht Mitgliedsgemeinden gehören. Der Geesthöhenrücken auf der einen und der Bederkesaer See mit dem **Elbe-Geeste-Kanal** auf der anderen Seite bestimmen das abwechslungsreiche Ortsbild. Mittelpunkt Bederkesas ist die Burg, die zwischen 1975 und 1983 wiederaufgebaut wurde, heute Sitz der Archäologischen Denkmalspflege des Landkreises Cuxhaven und ein sehenswertes Museum.

Die Geschichte der **Burg** und des Ortes läßt sich in fünf Phasen einteilen. Im 12. Jahrhundert errichteten die Ritter von Bederkesa, eines der bedeutendsten Adelsgeschlechter im nördlichen Elbe-Weser-Dreieck, ihre Burg. Der Zerfall der Herrschaft wurde durch Kriege, Hungersnöte und die Pest beschleunigt, die Ritter verkamen zu Raubrittern und starben schließlich im 15. Jahrhundert aus. Den Streit um die Nachfolge entschieden die Bremer für sich, die von 1381 bis 1654 die zweite Phase der Burg bestimmten. Aus dieser Zeit gibt es auch erste Bildquellen über Bederkesa. Ein Relikt aus der bremischen Zeit ist der **Roland** im Burghof. Der schwedische Generalgouverneur von Stade, Feldmarschall Hans Christoph von Königsmarck, eroberte 1654 die Burg und äscherte dabei den Ort fast vollständig ein. Die Schwedenzeit brachte für Bederkesa viele Truppendurchzüge und Notzeiten. Der Zweite Nordische Krieg beendete ihre Herrschaft. Nun begann die hannoversch-preußische Zeit, in der die Burg Verwaltungssitz der Amtsmänner des Amtes Bederkesa wurde – bis zu seiner Auflösung im Jahre 1859.

Die Burg wurde nun an private und gewerbliche Nutzer vermietet und schließlich 1881 versteigert. Für die nächsten neunzig Jahre war sie Gastwirtschaft und Hotel, zwischenzeitlich umfunktioniert diente sie als Turnhalle, Kino, Jugendheim, Kaserne, Besatzungs- und Flüchtlingsunterkunft. Der letzte Privateigentümer plante die Umgestaltung in ein Appartment-Hochhaus. Der Sturm der Entrüstung in der Öffentlichkeit bewirkte, daß das Gebäude vom Landkreis aufgekauft wurde. Engagierte Bürger gründeten 1975 den Förderverein »**Burggesellschaft Bederkesa**«.

Der Wiederaufbau der Burg begann 1975 mit Bohrungen und Ausgrabungsarbeiten. Die gewonnenen Erkenntnisse lieferten die Grundlage für die Sanierung. Beim Wiederaufbau wurde die größtmögliche Annäherung an den Stil des 16./17. Jahrhunderts versucht. Die Burg wurde 1981 eingeweiht, das Museum 1982 eröffnet.

Die Burg ist heute wieder von einem Burggraben umgeben, in dem sich eine vielfältige Flora und Fauna entwickelt hat. Wenn man das Burggelände durch das neue Tor betritt, läuft man über Teilstücke eines 500 Jahre alten Kopfsteinpflasters. Auf dem Hof befindet sich nach langer Ausquartierung wieder das alte Rolandstandbild, das früher die Kuppel des hier befindlichen Brunnenhauses krönte. Die Gaststätte »**Alte Wache**« ist im

Die Burg in Bederkesa

ehemaligen Wirtschaftsgebäude von 1738/39, das als Wasch-, Back- und Brauhaus diente, untergebracht. Am Treppenaufgang und am Turm befinden sich mehrere historische Sandsteintafeln. Der Turm und die Südwestbastion wurden historischen Darstellungen nachgebildet.

Das **Museum** beheimatet eine archäologisch-historische Ausstellung, die einen Überblick über die Vor- und Frühgeschichte des Landkreises Cuxhaven vermittelt. Auch die Geschichte der Burg wird dargestellt. Der Festsaal wird für Vorträge, Konzerte und Empfänge genutzt. Der Keller mit dem alten Kreuzgewölbe ist Schauplatz von Rittermahlen.

Gegenüber der Burg liegt das »**Haus des Kurgastes**« mit Bücherei, Lesesaal und Kurverwaltung im ehemaligen Staatlichen Forstamt. Im Untergeschoß wurde ein kleines Schuhmachermuseum eingerichtet. Durch den Kurpark gelangt man zum Kanal, einem Teilstück des Elbe-Geeste-Wasserweges von Otterndorf nach Bremerhaven. Der Kanalhafen ist begehrter Liegeplatz für Motorboote. Durch eine Schleuse ist er mit dem

Der Bederkesaer See

dahinter sich erstreckenden ca. 230 ha großen **Bederkesaer See** verbunden. Dieser See liegt 60 cm unter NN und ist nur wenige Dezimeter tief. Er wurde nach dem Zweiten Weltkrieg eingedeicht und wird nun saniert, um ihn vor der vollständigen Verlandung zu bewahren.

Ein Rundweg führt durch den **Holzurburger Wald** über den Deich um den See herum. Die Seeufer sind geschützt und bieten seltenen Pflanzen- und Vogelarten eine Heimat. Hinweistafeln geben am Beginn des Rundweges dazu Erläuterungen.

Im Holzurburger Forst befinden sich eine alte Befestigungsanlage, die vor 700 bis 900 Jahren entstand, sowie das hübsche Forsthaus von 1850. Im sehr wildreichen Waldstück gibt es zahlreiche Wanderwege, einen Trimm-Pfad und einen Gedenkstein für den Hauptmann Heinrich Böse (1783-1867), ein steinreicher Bremer Zuckerfabrikant, der sich eine Privatarmee zur Befreiung von der französischen Herrschaft leistete, in Bederkesa ausgedehnte Ländereien aufkaufte und 1826 den »**Bösehof**« errichten ließ. Böse focht für die Rechte der Bederkesaer Bauern und wurde von ihnen im Revolutionsjahr 1848 als Abgeordneter nach Hannover geschickt. Dort setzte er den Bau des Hadelner Kanals durch. Sein Hof, auf dem eine Zeitlang Hoffmann von Fallersleben zu Gast war – was die Bederkesaer veranlaßte, darüber zu spekulieren, ob das Deutschlandlied nicht doch hier entstand – wurde in den siebziger Jahren des vorigen Jahrhunderts zu einer Gaststätte umgebaut, die seitdem beliebtes Ausflugsziel ist. Mittlerweile wurde das 150 Jahre alte »Waldschlößchen« renoviert und durch ein Gästehaus zum Hotel erweitert. Auf dem »Berg« von Bederkesa gelegen, bietet es einen guten Ausblick auf Ort, See und Landschaft.

Das Niedersächsische Internatsgymnasium, in dem heute Internatsschüler vorwiegend von den Nordseeinseln und externe Schüler sitzen und schwitzen, war 1876 als preußisches Schullehrerseminar errichtet worden. Seine überregionale Bedeutung bewirkte unter anderem auch den Eisenbahnanschluß Bederkesas. Die neugotische **St.-Jacobi-Kirche** wurde vom Erbauer der Bremerhavener Bürgermeister-Smidt-Gedächtniskirche und des Alten Leuchturms, Simon Loschen, errichtet.

Bederkesa ist für die umliegenden Dörfer Mittelpunktsort mit zahlreichen Geschäften, einem Schulzentrum, diversen Ämtern, einem Hallen- und Freibad und weiteren Sportanlagen. Der **Beerster Markt,** der alljährlich im Spätsommer stattfindet, hatte schon früher große Anziehungskraft. Beerst ist übrigens die unter Einheimischen gebräuchliche Kurzform für Bederkesa.

In der Samtgemeinde gibt es weitere Sehenswürdigkeiten. So die in den letzten Jahren mit Hilfe des Mühlenfonds der »Männer vom Morgenstern« aufwendig renovierte Wassermühle von Hainmühlen und den Galerieholländer in **Lintig.**

Zwischen Bederkesa und **Flögeln** liegt der 1,6 km lange Vorgeschichtspfad mit **Großsteingräbern** aus der Jungsteinzeit und bronzezeitlichen Grabhügeln. Ein ca. 3800 Jahre altes Steinkistengrab nordwestlich des Pfades ist seit 1958 Kulturdenkmal. Alle Gräber dokumentieren die über 5000 Jahre währende Besiedlung des Elbe-Weser-Dreiecks. Das **Dorf Flögeln** mit hübscher Kirche liegt am zweiten großen See der 5-Seen-Platte, dem ebenfalls als Naherholungsgebiet genutzten Flögelner See. Unter Naturschutz stehen dagegen die sich anschließenden 1,9 qkm großen Moorseen **Dahlemer und Halemer See** mit ihrer einzigartigen Fauna und Flora.

Adressen in Bederkesa

Tourismusinformation:

Kurverwaltung Bederkesa, Amtsstr. 8, 27624 Bederkesa, Tel.: 04745-791-45, Fax: 04745-5155

Museum

Burg Bederkesa, Amtsstr. 17, Tel.: 04745-295, 1. Mai-30. Sept. tgl. 10.00-18.00 Uhr, 1. Okt.-30. April tgl. 10.00-17.00 Uhr, Mo. geschlossen

Adressen - ABC

Ärztlicher Bereitschaftsdienst

Tel. 04721/231 25 (Feuerwache) informiert über medizinischen Notdienst

Behinderten-Fahrdienst

Tel. 04721/384 83

Bücher

Buchhandlungen

Neubauer, Schillerstraße 33, Tel. 04721/388 88

Oliva-Buchhandlung, Im Pressehaus, Kemmererplatz, Tel. 04721/585 300

Rauschenplat, Deichstraße 11, Tel. 04721/371 37

Öffentliche Bücherhallen

Stadtbibliothek
Hauptstelle Holstenplatz 1-3, Tel. 04721/37 475,
geöffnet Mo. 12.30-19.00 Uhr, Di. bis Fr. 10.00-12.30 und 14.30-18.30 Uhr, Sa. 10.00-12.30 Uhr

Zweigstellen:
Altenbruch, Alter Weg 18 (Villa Gehben)
Altenwalde, Hauptstraße 73 (Gemeindehaus)
Döse, Stickenbütteler Weg 2 (Schule)
Duhnen, Cuxhavener Straße 92 (Haus der Kurverwaltung)
Sahlenburg, An der Johanniskirche (Schule)

Busverkehr

Alle Buslinien im Centrum und in den Kurteilen Altenbruch, Döse, Duhnen, Grimmershörn, Lüdingworth, Sahlenburg und Stickenbüttel bedient die KVG Cuxhaven, Auskunft Tel. 04721/250 22.

Die Linien in den Kurteilen Altenwalde, Berensch-Arensch, Holte-Spangen und Oxstedt betreibt die Firma Maass-Busreisen, Auskunft Tel. 04721/220 22.

Camping

Altenbruch:

Camping »Altenbrucher Strand«
27478 Cuxhaven, Tel. 04722/2201,
120 Stellplätze, geöffnet April - Sept.

Duhnen:

Camping »Am Bäderring«
Duhner Allee 5, 27476 Cuxhaven, Tel. 04721/479 57, 150 Stellplätze, geöffnet Ostern - Ende Herbstferien

Camping »Am grooten Steen«
Duhner Allee 30, 27476 Cuxhaven, Tel. 04721/483 25, 130 Stellplätze, ganzjährig

Camping Bach
Cuxhavener Straße 81, 27476 Cuxhaven, Tel. 04721/48343, geöffnet Osterferien - Ende Okt.

Camping Hildebrandt
Sahlenburger Weg 2, 27476 Cuxhaven, Tel. 04721/482 45, geöffnet 1.3. - 31.10.

Camping »Nordsee«
Cuxhavener Straße 17, 27476 Cuxhaven, Tel. 04721/489 51, 174 Stellplätze, ganzjährig geöffnet

Camping »Seelust«
Cuxhavener Straße 67, 27476 Cuxhaven, Tel. 04721/402 504, 150 Stellplätze, ganzjährig geöffnet

Camping »Wattenlöper«
Cuxhavener Straße 57a, 27476 Cuxhaven, Tel. 04721/474 57, 200 Stellplätze, geöffnet Mitte März - Ende Okt.

Sahlenburg:

Camping Finck
Am Sahlenburger Strand, 27476 Cuxhaven, Tel. 04721/29 152, 500 Stellplätze, geöffnet 15.3. - 31.10.

Camping »Wernerwald«
Wernerwaldstraße, 27476 Cuxhaven, Tel.

04721/290 12, 480 Stellplätze, ganzjährig geöffnet

Camping Machulez
Wernerwaldstraße, 27476 Cuxhaven, Tel. 04721/292 49, 80 Stellplätze, geöffnet 1.4. - 15.10.

Caravan und Wohnmobil-Ausrüstung

Caravan Herrmann
Am Querkamp 13, Tel. 04721/277 11

Fähren Neuwerk, Helgoland, Schiffsausflüge

Reederei Cassen Eils
Bei der Alten Liebe 12, 27472 Cuxhaven, Tel. 04721/35082-84,
Neuwerk-Dienst Tel. 04721/322 11,
Fax 04721/311 61

Fahrradverleih

Altenbruch:

Autohaus Nübel, Über der Braake 6, Tel. 04722/494

Döse:

Hotel Deichgraf, Nordfeldstraße 16-22, Tel. 04721/4050

Duhnen:

Gerken, Rugenbargsweg 12, Tel. 04721/495 91

»Velotech«, Cuxhavener Straße 69, Tel. 04721/628 95

Grimmershörn:

Fahrrad Paulsen, Schillerstraße 47, Tel. 04721/362 66

Sahlenburg:

Camping Finck, Am Sahlenburger Strand, Tel. 04721/291 52

Hamann, Nordheimstraße 20, Tel. 04721/290 20

Winterberg, Drosselweg 3b, Tel. 04721/283 50

Stickenbüttel:

Witte, Dorfstraße 84, Tel. 04721/261 84

Fundbüro

Deichstraße 13a, 27472 Cuxhaven, Tel. 04721/123 79

Golf

18-Loch-Anlage in Oxstedt, ganzjährig bespielbar, Platzbuchung Tel. 04723/2737

Küsten-Golfklub »Hohe Klint« e.V., Tel. 04721/480 57

Hafenrundfahrt

Hafenrundfahrten Carstensen, Tel. 04723/3292

Hafenrundfahrten Rüsch, Tel. 04721/33406

Helgolandfahrt

Mit der »Wappen von Hamburg«, täglich ab Fährhafen Cuxhaven, Saison 1.5- 30. September, Abfahrt 10.30, Rückkehr 18.30 an Fährhafen, Information: Reederei Seetouristik 04721-36007.

Saison Oktober-April, Abfahrt Alte Liebe, Information: Reederei Cassen Eils 04721-35082

Hochseeangeln

Reederei Nordsee-Angel- und Rundfahrten Kapitän-Alexander-Str. 19, 27472 Cuxhaven, Tel. 04721/250 91

Hörgeräte

Hörgeräte-Institut Landsberger, Poststraße 32, Tel. 04721/331 07

Karwoth, Deichstraße 24, Tel. 04721/35416

Optiker Eggers, Schillerstraße 11, Tel. 04721/378 21

Tiffany-Fenster in der »Villa Gehben«

Hotels/Pensionen

Akzent-Hotel Neptun
Nordstraße 11, 27476 Cuxhaven,
Tel. 04721/480 71, Fax 04721/40 33 33

Badhotel Sternhagen
Cuxhavener Straße 86, 27476 Cuxhaven,
Tel. 04721/470 04, Fax 04721/482 04

Central-Hotel
Strichweg 2-4, 27472 Cuxhaven,
Tel. 04721/371 19, Fax 04721/524 07

Deichgraf-Kur-Hotel
Nordfeldstraße 16-20, 27476 Cuxhaven,
Tel. 04721/4050, Fax 04721/40 56 14

Donner's Hotel
Am Seedeich 2, 27472 Cuxhaven,
Tel. 04721/5090, Fax 04721/50 91 34

Duhner Landhaus
Sahlenburger Weg 2, 27476 Cuxhaven,
Tel. 04721/482 45

Golf-Seehotel Kamp
Duhner Strandstraße 5, 27476 Cuxhaven,
Tel. 04721/4030, Fax 04721/40 33 33

Haus Seeschwalbe
Cuxhavener Straße 89, 27476 Cuxhaven,
Tel. 04721/40 03 00, Fax 04721/40 03 44

Haus Thorwarth
Am Grooten Steen 10, 27476 Cuxhaven,
Tel. 04721/484 95, Fax 04721/453 45

Hotel Am Königshof
Hauptstraße 76, 27478 Cuxhaven,
Tel. 04723/3042, Fax 04723/3043

Hotel am Meer
Cuxhavener Str. 103, 27476 Cuxhaven,
Tel. 04721/483 17

Hotel Astrid garni
Hinter der Kirche 26, 27476 Cuxhaven,
Tel. 04721/489 03, Fax 04721/485 26

Hotel Birkenhof
Nordheimstraße 57, 27476 Cuxhaven,
Tel. 04721/291 46, Fax 04721/691 72

Hotel Deutsches Haus
Altenbrucher Bahnhofstr. 2, 27478 Cuxhaven, Tel. 04722/311, Fax 04722/314

Hotel Erholung
Cuxhavener Str. 102, 27476 Cuxhaven,
Tel. 04721/482 65

Hotel Frauenpreiss
Wernerwaldstraße 41, 27476 Cuxhaven,
Tel. 04721/290 82/83, Fax 04721/692 99

Hotel Henning
Steinmarner Trift 8, 27476 Cuxhaven,
Tel. 04721/484 44, Fax 04721/469 99

Hotel Hus »Kiek in de See«
Döser Seedeich 2, 27472 Cuxhaven, Tel. 04721/341 02

Hotel Iltjen
Am Sahlenburger Strand 3, 27476 Cuxhaven, Tel. 04721/294 45, u. 282 45

Hotel Ingrid Lerche
Wilh.-Heidsiek-Str. 19, 27472 Cuxhaven,
Tel. 04721/375 97

Hotel Meeresfriede
Wehrbergsweg 11, 27476 Cuxhaven,
Tel. 04721/460 11, Fax 04721/498 66

Hotel Meeresruh
Cuxhavener Straße 79, 27476 Cuxhaven,
Tel. 04721/484 80

Hotel Münchner Löwenbräu
Poststraße 105, 27474 Cuxhaven,
Tel. 04721/375 54, Fax 04721/331 49

Hotel Neue Liebe
Prinzessinnentrift 12-14, 27476 Cuxhaven,
Tel. 04721/470 11 u. 487 70, Fax 04721/454 55

Hotel Schifferbörse
Neue Reihe 24, 27472 Cuxhaven,
Tel. 04721/357 72

Hotel Seehütte
Wehrbergsweg 34, 27476 Cuxhaven,
Tel. 04721/470 34, Fax 04721/40 08 76

Hotel Seelust
Cuxhavener Str. 65-67, 27476 Cuxhaven,
Tel. 04721/4020, Fax 04721/40 25 55

Hotel Stadt Cuxhaven
Alter Deichweg 11, 27472 Cuxhaven,
Tel. 04721/5820, Fax 04721/58 22 00

Hotel Strandperle
Duhner Strandstr. 15, 27476 Cuxhaven,
Tel. 04721/400 60, Fax 04721/40 06 96

Hotel und Pension Beckröge
Dohrmannstraße 9, 27472 Cuxhaven,
Tel. 04721/355 19 u. 519 57

Hotel Villa Caldera
Döser Seedeich 4, 27472 Cuxhaven, Tel. 04721/350 44

Hotel Wattenkieker
Am Sahlenburger Strand 27, 27476 Cuxhaven, Tel. 04721/290 55 u. 296 63, Fax 04721/288 82

Hotel Wehrburg
Wehrbergsweg 53, 27476 Cuxhaven,
Tel. 04721/400 80, Fax 04721/40 08 76

Hotel Zum Finkenmoor
Nordheimstraße 170, 27476 Cuxhaven,
Tel. 04721/290 26

Hotel Zum Neptun
Bei der Kirche 6a, 27476 Cuxhaven,
Tel. 04721/483 06, Fax 04721/496 06

Hotel Zum Surgund
Nordheimstraße 116, 27476 Cuxhaven,
Tel. 04721/281 12, Fax 04721/691 64

Hotel-Appartement Seeschlößchen
Duhner Strandstr. 21, 27476 Cuxhaven,
Tel. 04721/400 60, Fax 04721/40 06 96

Hotel-Pension Kammann
Wehrbergsweg 26a, 27476 Cuxhaven,
Tel. 04721/484 72 u. 478 42, Fax 04721/472 36

Hotel-Pension Landhaus Döse
Hinter der Kirche 74, 27476 Cuxhaven,
Tel. 04721/471 98, Fax 04721/484 22

Hotel-Pension Paetow
Heidhöhn 15-17, 27476 Cuxhaven,
Tel. 04721/292 31

Kiek-in-Hotel Pension Pflug
Steinmarner Straße 43-45 u. 54, 27476 Cuxhaven,
Tel. 04721/476 78, Fax 04721/474 85

Kur-Strand-Hotel Duhnen
Duhner Strandstraße 7, 27476 Cuxhaven,
Tel. 04721/4030, Fax 04721/40 33 33

Pension Appelt
Windeichenweg 26, 27476 Cuxhaven,
Tel. 04721/226 26

Pension Berenscher Hof
Berenscher Dorfstr. 15, 27476 Cuxhaven,
Tel. 04723/3509

Pension Deichkrone
Emmastraße 25, 27476 Cuxhaven, Tel. 04721/493 91

Pension Finck
Am Sahlenburger Strand, 27476 Cuxhaven,
Tel. 04721/291 52, Fax 04721/293 60

Pension Glückskäfer am Kurpark
Strandstraße 37, 27476 Cuxhaven,
Tel. 04721/470 38

Pension Haase
Rugenbargsweg 25, 27476 Cuxhaven,
Tel. 04721/366 73 u. 489 36

Pension Hartig
Georg-Wolgast-Weg 8, 27476 Cuxhaven,
Tel. 04721/488 18

Pension Haus Kasten
Strandstraße 19, 27476 Cuxhaven,
Tel. 04721/484 28

Pension Haus Seeblick
Insel Neuwerk 7, 27499 Neuwerk, Hamburg-Insel,
Tel. 04721/294 47, Fax 04721/294 46

Pension Hilger
Steinmarner Trift 26, 27476 Cuxhaven,
Tel. 04721/485 77

Pension Kupferkessel
Nordheimstraße 182, 27476 Cuxhaven,
Tel. 04721/291 15

Seepavillon Donner
Bei der Alten Liebe 5, 27472 Cuxhaven,
Tel. 04721/380 64, Fax 04721/381 67

Strandpension Sanssouci
Hinter der Kirche 51, 27476 Cuxhaven,
Tel. 04721/485 95

Jugendunterkünfte

Berensch-Arensch

Dünenhof, In den Dünen 4, 27476 Cuxhaven, Tel. 04723/3171, 140 Betten, nur für Gruppen.

Duhnen:

Jugendherberge, Schleusenweg 2, 27476 Cuxhaven, Tel. 04721/485 52, 334 Betten.

Holte-Spangen:

Pfadfinderheim, Tel. 04721/480 64

Sahlenburg:

Haus zur Sahlenburg, Hans-Claußen-Str., 27476 Cuxhaven, Tel. 04721/290 56, 160 Betten.

Kinderbetreuung

Kostenpflichtige Kinderbetreuung »Die Schatzinsel«,
Wehrbergsweg 30b (neben dem Meerwasser-Brandungs-Hallenbad/Duhnen), Tel. 04721/462 69

Kino

Bali-Filmtheater, Holstenstraße 5, Tel. 04721/374 59

Gloria-Filmtheater, Deichstraße 20, Tel. 07421/350 11

Strandkino Duhnen, Strandstraße (an der Schwimmeisterstation), nur zwischen April und Oktober geöffnet.

Krankenhaus

Städtisches Krankenhaus, Altenwalder Chaussee 10-12, 27474 Cuxhaven, Tel. 04721/780

Kugelbake-Halle

Strandstraße 80, 27476 Cuxhaven, Tel. 04721/4080

Kurverwaltung Cuxhaven

Cuxhavener Str. 92, 27476 Cuxhaven-Duhnen, Tel. 04721/4040, Fax 04721/490 80

Kurzentrum Duhnen

Wehrbergsweg 32a
27476 Cuxhaven-Duhnen
Tel. 04721/4202-0, Fax 04721/4202-10

Minigolf

Döse, Nordfeldstraße
Duhnen, Cuxhavener Straße

Polizei

Werner-Kammann-Str. 8, 27472 Cuxhaven, Tel. 04721/370 81

Post

Hauptpostamt, Rhodestr. 2, 27472 Cuxhaven, Tel. 04721/1001

Rathaus

Grüner Weg 42, 27472 Cuxhaven, Tel. 04721/121

Reiten

Ausritte ins Watt mit Führer - Tel. 04721/296 18

Reithallen

Altenbruch:

Hadeler Reitclub e.V.
Heerstraße 26a, Tel. 04722/2322

Holte-Spangen:

Reit- und Fahrverein Nordende
Tel. 04721/288 93

Sahlenburg:

Ritzebütteler Reitclub
Lerchenweg, Tel. 04721/293 34

Reiterhöfe

Altenbruch:

A. Loesing, Heerstr.17, 27478 Cuxhaven, Tel. 04722/895

Arensch:

Reiterhof »Woodstock« Sahlenburger Waldweg 3, 27476 Cuxhaven, Tel. 04721/462 64

Holte-Spangen:

Ferienhof Hubertus, Nordende 13, 27476 Cuxhaven, Tel. 04721/2962

Island-Hof v. Bargen, Nordende 11, 27476 Cuxhaven, Tel. 04721/291 06

Pony-Hof Stührke, Spanger Damm 2, 27476 Cuxhaven, Tel. 04721/283 02

»FN-Reitstall A«, Buchenhof, Im Dorf 9, 27476 Cuxhaven, Tel. 04721/291 09

Oxstedt:

Reiterhof Philipp, Südermoorweg 7, 27478 Cuxhaven,
Tel. 04723/2351

Schwimmbäder

Bojenbäder:

Altenbruch (geöffnet 1.6. - 31.8.)

Grimmershörn (geöffnet 1.6. - 31.8.)

Freibäder:

Oxstedt (beheizt)
Am Möhlendiek, Tel. 04723/3633, geöffnet 28.5. - 31.8.

Sahlenburg (beheizt)
Wernerwaldstraße, Tel. 04721/292 00, geöffnet 28.5. - 31.8., mo. geschlossen

Seewasser-Freibad Steinmarne (beheizt)
Neptunweg, Tel. 04721/470 77,
geöffnet 28.5. - 31.8., di. geschlossen

Hallenbäder:

Altenwalde
Geschwister-Scholl-Str., Tel. 04723/3140, geschlossen 1.6. - 31.8.

Meerwasser-Brandungs-Hallenbad Duhnen
Wehrbergsweg 34, Tel. 04721/420 230, geschlossen 22.11. - 19.12.

Stadtbad
Beethovenallee 11, Tel. 04721/235 55, geschlossen 1.6. - 31.8.

Segelscheine

Sportschifferschule Dietzler, Wehrbergsweg 30b, Tel. 04721/462 69

Sportartikel

Sport-Centrum, Schillerstraße 51, Tel. 04721/347 55

Squash

Delft 2000, Vincent-Lübeck-Straße 3, Tel. 04721/260 06

Strandkorbvermietung

Döse:

Müller, Cuxhavener Straße 44, Tel. 04721/486 59

Duhnen:

Wilkens, Inh. U. Stremlau, Carl-Vinnen-Weg 49, Tel. 04721/499 28

Sahlenburg:

Finck und Spitzner, Nordheimstraße 50, Tel. 04721/297 03

Machulez, Nordheimstraße 125, Tel. 04721/292 49

Taxi

Taxi-Rufnummern: 04721/35004 oder 35005 / 36000 / 37037 / 37000 / 38000

Tennis

Delft 2000, Vincent-Lübeck-Straße 3, Tel. 04721/260 06

SC Schwarz-Weiß, Feldweg 66-68, Tel. 04721/364 90

Tennisclub Altenwalde, Akazienweg 5, Tel. 04723/2672

Unterkunft

In Cuxhaven gibt es derzeit neben den angeführten 56 Hotels und Pensionen (vor allem in den Kurteilen mit Strand) weit über 1000 Privatpensionen und Anbieter von Ferienwohnungen. Die Aufzählung aller Adressen würde den Rahmen eines Reiseführers übersteigen. Bei der Kurverwaltung Cuxhaven (Adresse s.o.) kann ein jährlich aktualisiertes Gastgeberverzeichnis angefordert werden. Es enthält neben den Adressen der Anbieter detaillierte Information über Zimmerkomfort und Preise.

Verkehrsvereine der Cuxhavener Kurteile:

27478 Cuxhaven - Altenbruch
Alter Weg 21, Tel. 04722/341

27478 Cuxhaven - Altenwalde
Hauptstraße 75, Tel. 04723/2444

27476 Cuxhaven - Berensch/Arensch
Berenscher Dorfstraße 18, Tel. 04723/4311

27476 Cuxhaven - Döse
Heinrich-Grube-Weg 2,
Tel. 04721/470 81 od. -82, Fax 04721/470 24

27476 Cuxhaven - Duhnen
Cuxhavener Straße 92,
Tel. 04721/481 05, Fax 04721/468 04

27472 Cuxhaven - Grimmershörn
Lichtenbergplatz,
Tel. 04721/360 46, Fax 04721/525 64

27476 Cuxhaven - Holte-Spangen
Spanger Damm 1,
Tel. 04721/290 90, Fax 04721/285 91

27478 Cuxhaven - Lüdingworth
Lächlerstraße 26, Tel. 04724/361

27478 Cuxhaven - Oxstedt
Am Weddel 12, Tel. 04723/4455

27476 Cuxhaven - Sahlenburg
Nordheimstraße 35-37,
Tel. 04721/280 28, Fax 04721/292 30

27476 Cuxhaven - Stickenbüttel
Windeichenweg, Tel. 04721/251 11

Wattwagenfahrten nach Neuwerk

Döse:

W. Zabel, Hinter der Kirche 78, Tel. 04721/483 35
H. Bunde, Strichweg 184, Tel. 04721/453 14

Duhnen:

A. und E. Brütt, Duhner Strandstraße 3, Tel. 04721/4002
J. Brütt (Wattenpost), Duhner Strandstraße 19, Tel. 04721/481 39

Holte-Spangen:

W. Selling, Swiensweg 1, Tel. 04721/297 26

Sahlenburg:

D. und W. Henn, Kampenwall 6, Tel. 04721/297 00

Neuwerk:

K. Fischer, Tel. 04721/291 61
U. Fischer, Tel. 04721/287 70
C. Fock, Tel. 04721/290 43
V. Griebel, Tel. 04721/290 76

Index

T

U

V

W

Y

Z

Nordsee
Grimmershörn Bucht
Einzige Fährverbindung Cuxhaven - Insel Neuwerk
Duhnen
Döse
Stickenbüttel
Sahlenburg
Holte-
Spange
Westerw
Wernerwald
Anlandungen
Duhner Heide
Nordmoor
Scharmoor
Pennworthmoor
Spanger Heide
Sahlenburger Heide
Holter Hei
Brockeswald
Fort Thomsen
Wattenweg nach Neuwerk ca. 12 km
Strandhausallee
Nordfeldstr.
Kurparkallee
Strandstraße
Strich
Steinmarner Straße
Heinrich-Grube-Weg
Döser Feldweg
Feldweg
Cuxhavener Str.
Duhner Allee
Windeichenweg
Brockeswalder Weg
Brunnenweg
Brockeswalder Chaussee
Sahlenburger Chaussee
Spanger Straße
Spangenberg
Sixtstraße
Spanger Weg
Arenscher Weg
Nordheimstraße
Dorfstraße
Bergsweg
Wehrberg
Haydnstr.
Kampweg
Twellberg
Galgenberg
Wrackmuseum
Zentral-friedhof
Himmelshöhe
Kahleberg
Wolfsberg
Falkenhütte
Wolskermarsch
Krahnstein
Segelflugplatz